熱戦の軌跡

期 … ）

Aブロック

県岐阜商（辞退）、岐阜第一、羽島北、土岐商、中津、土岐紅陵、東濃実、加茂、大垣商、大垣東、大垣南、岐阜各務野、岐南工、帝京大可児、八百津、武義

日・球場	対戦	スコア
19日長①	岐阜第一 − 羽島北	9 − 1
19日レ②	中津 − 土岐紅陵	12 − 19
23日K②	土岐商 − 土岐紅陵	14 − 2
19日K③	東濃実 − 加茂	10 − 0
24日K②	土岐商 − 東濃実	5 − 15
28日大①	岐阜第一 − 東濃実	6 − 1
19日大③	大垣東 − 大垣南	2 − 8
23日大③	大垣商 − 大垣南	5 − 4
19日長③	岐阜各務野 − 岐南工	15 − 5
24日長②	大垣商 − 岐阜各務野	1 − 9
19日K①	八百津 − 武義	1 − 9
24日K①	帝京大可児 − 武義	12 − 0
28日レ①	岐阜各務野 − 帝京大可児	0 − 6
30日長①	岐阜第一 − 帝京大可児	10 − 9

岐阜第一

Cブロック

飛騨神岡、飛騨高山、斐太、池田、大垣北、海津明誠、本巣松陽、岐阜城北、麗澤瑞浪、多治見工、恵那南、岐阜聖徳、岐阜北、富田、岐阜、羽島・山県

日・球場	対戦	スコア
19日高①	飛騨高山 − 斐太	11 − 4
22日高①	飛騨神岡 − 飛騨高山	5 − 9
19日大②	大垣北 − 海津明誠	5 − 1
23日大②	池田 − 大垣北	3 − 7
19日プ③	本巣松陽 − 岐阜城北	4 − 14
24日長③	大垣北 − 岐阜城北	6 − 3
29日長	飛騨高山 − 大垣北	0 − 2
19日レ③	多治見工 − 恵那南	17 − 2
23日K③	麗澤瑞浪 − 多治見工	7 − 6
23日レ②	岐阜聖徳 − 岐阜北	5 − 4
24日K③	麗澤瑞浪 − 岐阜聖徳	2 − 3
19日長②	岐阜 − 羽島・山県	11 − 4
23日レ③	富田 − 岐阜	12 − 5
28日大③	岐阜聖徳 − 富田	7 − 2
30日長②	大垣北 − 岐阜聖徳	7 − 5

大垣北

Bブロック

岐阜農林、長良、各務原西、関商工、美濃加茂、可児、中津商、中津川工、高山西、高山工、益田清風、岐山、岐阜総合、大垣日大、揖斐、大垣工

日・球場	対戦	スコア
19日プ①	長良 − 各務原西	10 − 3
24日長①	岐阜農林 − 長良	1 − 4
19日K②	美濃加茂 − 可児	11 − 5
23日長③	関商工 − 美濃加茂	2 − 9
23日K①	中津商 − 中津川工	3 − 0
24日大②	美濃加茂 − 中津商	5 − 4
28日長①	長良 − 美濃加茂	2 − 16
19日高②	高山工 − 益田清風	4 − 3
20日高①	高山西 − 高山工	11 − 0
23日長①	岐山 − 岐阜総合	3 − 8
24日レ①	高山西 − 岐阜総合	4 − 11
19日大①	揖斐 − 大垣工	4 − 9
24日大①	大垣日大 − 大垣工	12 − 0
28日大②	岐阜総合 − 大垣日大	5 − 6
30日大①	美濃加茂 − 大垣日大	1 − 3

大垣日大

Dブロック

多治見、瑞浪（辞退）、中京、各務原、加納、市岐阜商、加茂農林、関有知、大垣養老、大垣西、岐阜工、岐阜東、可児工、関、郡上

日・球場	対戦	スコア
24日土①	多治見 − 中京	1 − 17
19日プ②	加納 − 市岐阜商	1 − 2
23日長②	各務原 − 市岐阜商	0 − 10
19日レ①	加茂農林 − 関有知	6 − 2
24日レ②	市岐阜商 − 加茂農林	13 − 2
28日長②	中京 − 市岐阜商	2 − 1
23日大①	大垣養老 − 大垣西	5 − 4
23日レ①	岐阜工 − 岐阜東	16 − 2
24日大③	大垣養老 − 岐阜工	7 − 1
23日土②	関 − 郡上	5 − 0
24日土②	可児工 − 関	1 − 8
28日長②	大垣養老 − 関	8 − 5
30日大②	中京 − 大垣養老	13 − 1

中京

長＝長良川球場、大＝大垣市北公園野球場、プ＝プリニーの野球場（各務原）、レ＝大野レインボースタジアム、K=KYBスタジアム、土＝土岐市総合公園野球場、高＝高山市中山公園野球場

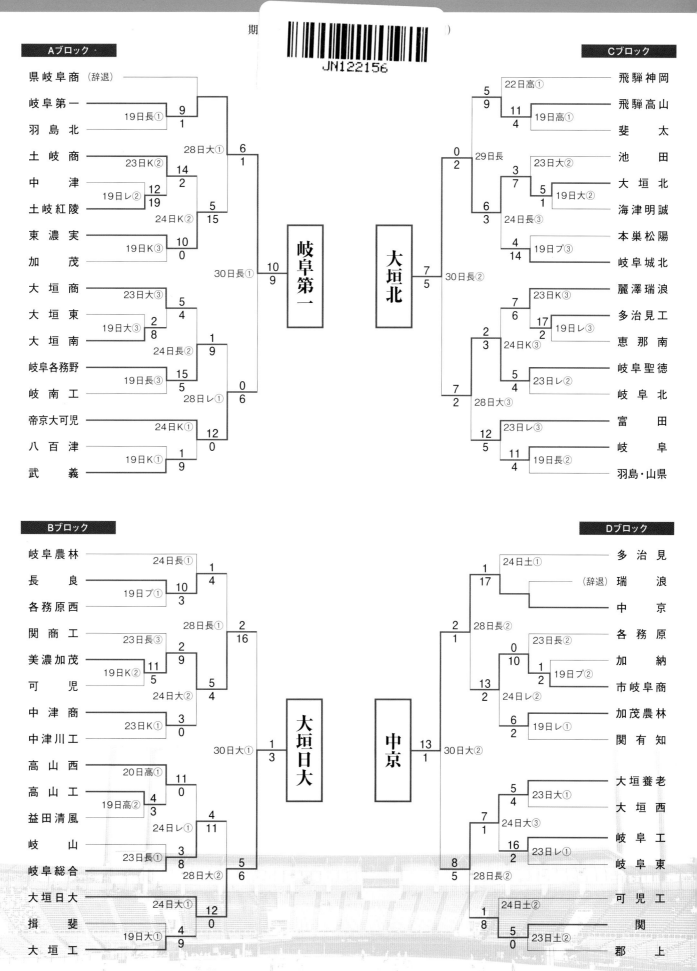

1回戦

岐阜第一 9-1 羽島北

7月19日

長良川球場

	1	2	3	4	5	6	7	計
羽島北	0	0	1	0	0	0	0	1
岐阜第一	2	4	0	0	3	0	×	9

(7回コールド)

待ちに待った青空の下、いざ開幕

コロナウイルス対策で保護者らを除き無観客で開かれた大会

岐阜第一＝5回裏 無死二塁、田村が中前適時打を放つ

試合開始前、ベンチから駆け出す羽島北ナイン

岐阜第一＝1回裏 無死二、三塁、柴崎の右犠飛で先制

羽島北＝3回表 1死、岩崎が、今大会初本塁打となる右越えソロで1点を返す

【羽島北】			打安点
(二)	岩　崎	(羽　島)	211
(遊)	千　国	(境　川)	300
(左)	小木曽	(長森南)	300
(捕)	春　日	(境　川)	200
(三)	西　松	(登　龍)	200
(一)	林	(精　華)	310
(右)	鈴　木	(加　納)	310
(投)	藤　井	(本　荘)	000
打	臼　井	(境　川)	100
投	森	(羽中央)	000
投	大　家	(東　安)	200
(中)	星　野	(笠　松)	210

振球犠盗失併残
7301314　2341

【岐阜第一】			打安点
(左)	岡　本	(中　宮)	300
(三)	島　辺	(貝塚一)	200
(中)	柴　崎	(伊丹西)	322
(投)	阪　口	(京都・田辺)	322
(二)	糀　谷	(野洲北)	321
(右)	早　川	(登　龍)	310
右	馬　場	(揖斐川)	000
(捕)	田　村	(青　垣)	311
(一)遊	中　嶋	(岐阜西)	210
(遊)	阪　井	(巽・和歌山)	200
打	綾　田	(大正中央)	000
走	増　田	(太　秦)	000
一	石　田	(川西南)	000

振球犠盗失併残
2722016　2496

投手		回	安責
藤　井	(本　荘)	1	12
森	(羽中央)	2/3	10
大　家	(東　安)	4 1/3	70
阪　口	(京都・田辺)	7	41

▽本塁打　岩崎（羽）▽二塁打　林（羽）柴崎、糀谷（岐）

試合時間　1時間56分

※試合結果の選手名は岐阜新聞掲載のオーダー表に準じています。

1回戦

19-12

土岐紅陵　中津

7月19日

大野レインボースタジアム

	1	2	3	4	5	6	7	8	計
中津	1	1	1	4	3	0	2	0	12
土岐紅陵	2	0	0	5	4	6	0	2×	19

（8回コールド）

土岐紅陵19点 中津破る

土岐紅陵＝8回裏 1死満塁、コールド勝ちを決める右越え適時打を放つ土本

【中　津】

			打	安	点
(中)	纐纈翔	(中津一)	3	1	1
(二)	根　崎	(瑞　陵)	5	3	2
(投)右	梅　村	(中津二)	5	5	4
(遊)	桂　川	(坂　本)	3	1	1
(捕)	橋　本	(中津二)	5	2	1
(三)	平　岡	(中津一)	4	0	0
打	可　知	(落　合)	1	0	0
三	二　谷	(苗　木)	0	0	0
(左)	市　岡	(坂　本)	3	1	0
打左	纐纈大	(恵那北)	1	0	0
(一)	早　川	(福　岡)	1	0	0
走	栢　植	(中津一)	0	0	0
一	伊藤彰	(中津一)	2	0	0
(右)	浅　倉	(中津一)	1	0	0
投	武　田	(中津二)	1	1	0
投	小加部	(蛭　川)	0	0	0
投	三　尾	(付　知)	2	0	0

振球犠盗失併残
８５３７１０９　　37 14 9

【土岐紅陵】

			打	安	点
(遊)	林	(駄　知)	5	2	2
(中)	土　本	(駄　知)	3	2	1
(三)投三	菅　野	(笠　原)	3	0	2
(投)三投	藤井隆	(駄　知)	3	1	2
(捕)	福　井	(肥　田)	3	1	3
(一)	柴　田	(駄　知)	3	1	4
(左)	千　田	(　泉　)	4	0	0
(右)	藤井真	(駄　知)	3	2	3
(二)	河　本	(陶　都)	3	0	1

振球犠盗失併残
８ 22 ４３３０15　　30 9 18

投手		回	安	責
梅　村	(中津二)	2	0	2
武　田	(中津二)	$1\frac{1}{3}$	2	5
小加部	(蛭　川)	$1\frac{2}{3}$	5	6
三　尾	(付　知)	$2\frac{1}{3}$	2	6
藤井隆	(駄　知)	$3\frac{2}{3}$	10	5
菅　野	(笠　原)	$2\frac{2}{3}$	4	4
藤井隆	(駄　知)	$1\frac{2}{3}$	0	0

▽二塁打　梅村３（中）林（土）▽暴投　梅村、三尾（中）▽ボーク　武田（中）藤井隆（土）▽捕逸　福井（土）

試合時間　３時間８分

中津＝3回表 1死二塁、本塁へ生還し、橋本と喜び合う梅村(右)

中津＝3本の二塁打を放つなど5安打4打点の活躍をみせた梅村

土岐紅陵＝4回裏 1死満塁、柴田の適時打でヘッドスライディングで生還する藤井隆

中津＝試合終了の整列後、悔しい表情を浮かべてベンチへ戻る選手たち

	1	2	3	4	5	6	7	8	9	計
大垣南	3	1	3	0	0	0	0	1	0	8
大垣東	0	0	0	1	0	0	1	0	0	2

1回戦

8-2

大垣南 大垣東

7月19日

大垣市北公園野球場

大垣南 投打がかみ合う

大垣南＝1回表 1死一、二塁、大沢が走者一掃の三塁打を放つ

大垣東＝4回裏 1死、山中がチーム初得点のきっかけとなる二塁打を放つ

大垣南＝7回1/3、2失点の好投をみせた大橋

大垣東＝4回裏 2死二塁、適時二塁打を放ち塁上で笑顔を見せる渋谷

大垣南＝1回に3点を挙げ、盛り上がるベンチ

【大垣南】

			打	安	点
㈢	橋本	(大垣東)	4	2	1
㈥右	木地	(輪之内)	5	1	1
㈡	木村	(東部)	3	1	0
㈱	大沢	(大垣東)	5	3	2
㈵	大橋	(江並)	5	1	1
遊	渡辺勇	(大垣西部)	1	0	0
㊧右左	加納	(大垣東)	3	3	0
㊨一	森島	(大垣北)	5	0	0
㈠	西脇	(関ケ原)	1	1	2
打左	日比野	(城南)	3	1	0
中	三島	(大垣南)	0	0	0
(遊)投	樋口	(大垣西部)	2	0	0

振球犠盗失併残
2 10 3 6 1 1 15　　37 13 7

【大垣東】

			打	安	点
㈥	森佳	(池田)	5	1	0
㈠三	若山	(不破)	4	1	1
(遊)投	古川	(平田)	5	1	0
㈱	大平	(赤坂)	4	1	0
㈵左	山中	(星和)	3	3	0
㈢	北野	(不破)	1	0	0
打	加藤	(穂積北)	1	0	0
遊	柴田	(大垣南)	1	0	0
㊨	渋谷	(大垣東)	4	2	1
㊧	安藤	(西部)	0	0	0
投	岩田	(垂井北)	4	0	0
投一	小川	(垂井北)	0	0	0
㈡	宇野	(平田)	4	1	0

振球犠盗失併残
7 2 1 1 1 1 10　　36 10 2

投手		回	安	責
大橋	(江並)	7⅓	10	2
樋口	(大垣西部)	1⅔	0	0
山中	(星和)	1⅓	3	4
岩田	(垂井北)	6⅔	10	3
小川	(垂井北)	⅔	0	0
古川	(平田)	⅓	0	0

▽三塁打　大沢２（南）▽二塁打　橋本２、木地、西脇（南）山中、渋谷、宇野（東）▽暴投　大橋（南）山中、岩田（東）
試合時間２時間40分

1回戦

9 - 1

武義　八百津

7月19日

KYBスタジアム

	1	2	3	4	5	6	7	計
武義	4	0	0	5	0	0	0	9
八百津	0	0	0	1	0	0	0	1

（7回コールド）

武義が猛攻で9点大勝

【武　義】			打	安	点
(遊)	高井琉稀	(下有知)	4	2	0
(右)	稲　田	(小金田)	3	1	3
(三)	長　島	(下有知)	5	1	1
(一)	長　尾	(双　葉)	3	3	0
(左)	野　島	(津保川)	2	1	0
走	古　川	(緑ケ丘)	0	0	0
左	高井琉翔	(下有知)	0	0	0
(投)	藤　沢	(高　富)	3	2	4
投	亀　山	(双　葉)	1	0	0
(捕)	北　村	(美　濃)	4	0	0
(中)	上　田	(下有知)	4	2	0
(二)	河　村	(双　葉)	1	0	0

振球犠盗失併残
３６３２００９　　30１２８

【八百津】			打	安	点
(三)	川　合	(向　陽)	3	0	0
(右)中	宮　脇	(八百津)	3	0	0
(中)投	北　沢	(蘇　南)	3	1	0
(捕)投捕	遠　藤	(蘇　南)	3	1	1
(一)捕一	伊　藤	(共　和)	2	0	0
打	橋本健	(八百津)	1	0	0
右	宮　原	(向　陽)	0	0	0
(遊)	尾　方	(八百津)	3	0	0
(投)一	山　田	(向　陽)	1	1	0
投一	長　部	(向　陽)	2	1	0
(左)	高　木	(八百津)	2	1	0
(二)	奥　村	(向　陽)	2	0	0

振球犠盗失併残
６０１０３１４　　25５１

投　手		回	安	責
藤　沢	(高　富)	4	3	1
亀　山	(双　葉)	3	2	0
山　田	(向　陽)	3 2/3	10	7
遠　藤	(蘇　南)	1/3	0	0
長　部	(向　陽)	2	2	0
北　沢	(蘇　南)	1	0	0

▽三塁打　高井琉稀、藤沢２、稲田（武）遠藤（八）▽二塁打　長尾（武）▽暴投　藤沢（武）
試合時間　１時間51分

武義＝4回表 1死一、二塁、2点適時三塁打を放つ稲田

八百津＝3回表 2死一、二塁、挟殺プレーで追加点を防いだ尾方

八百津＝3番手で登板し、2回を無失点で抑えた長部

武義＝4回1失点と好投した先発の2年生藤沢

武義＝4回表 1死三塁、中前に適時打を放つ長島

1回戦

7月19日

プリニーの野球場

長良 10-3 各務原西

	1	2	3	4	5	6	7	計
各務原西	1	0	0	1	1	0	0	3
長良	5	0	1	2	1	0	1×	10

（7回コールド）

長良 好機を逃さず10点

長良=1回裏 2死一、三塁、小西の逆転2点二塁打を放つ

各務原西=1回表 1死満塁、暴投の間に河野が先制のホームイン

長良=2回表の守りで二ゴロ併殺に仕留める

長良=1回裏 2死一、三塁、逆転に沸くナイン

各務原西=5回表 1死満塁、竹内が左前適時打。意地の3点目

【各務原西】

			打	安	点
(中)	河野	(穂積北)	3	1	0
(遊)	小川	(川島)	2	0	0
(左)一	今井田	(羽島)	2	0	0
(三)	渡辺	(羽中央)	3	1	0
(捕)	吉安	(羽中央)	3	0	0
(二)	竹内	(長森南)	3	1	1
(投)右左	大曽根	(桜丘)	3	1	0
(右)投右	小塩	(本荘)	3	0	0
(一)	篠田	(緑陽)	2	0	1
投	彦坂	(鵜沼)	0	0	0

振球犠盗失併残
3 9 0 1 3 1 9　24 4 2

【長良】

			打	安	点
(中)	岩松	(岐阜大付)	3	0	1
(二)	鷲見	(高富)	3	1	0
(捕)	高橋	(北方)	5	1	1
(左)	古田凌	(梅林)	3	2	1
(右)	小西	(日枝)	3	1	2
(遊)	波多野	(北方)	1	0	0
(三)	大堀	(伊自良)	2	1	1
(一)	洞口	(東長良)	3	2	2
(投)	小瀬木	(岐南)	0	0	0
打	増田	(岐清流)	0	0	0
投	伊藤	(岐中央)	1	1	0
投	藤村	(中島)	0	0	0
投	西山	(厚見)	1	0	0

振球犠盗失併残
1 12 2 3 0 1 11　25 9 8

投手		回	安	責
大曽根	(桜丘)	4	6	6
小塩	(本荘)	1 0/3	2	1
彦坂	(鵜沼)	1 0/3	1	1
小瀬木	(岐南)	3	1	1
伊藤	(岐中央)	1 0/3	1	2
藤村	(中島)	1	2	0
西山	(厚見)	2	0	0

▽三塁打　古田凌、大堀（長）▽二塁打　小西、洞口、高橋（長良）▽暴投　小瀬木２、伊藤（長）大曽根、小塩２（各）

試合時間　２時間16分

1回戦

11-5
美濃加茂 可児

7月19日

KYBスタジアム

	1	2	3	4	5	6	7	8	9	計
美濃加茂	1	1	2	1	2	2	2	0	0	11
可児	0	1	2	0	2	0	0	0	0	5

美濃加茂が20安打11点

美濃加茂＝6回表 2死満塁、代打木辺が2点適時打を放つ

【美濃加茂】		打安点
(遊)左吉田友	(江　並)	4 1 1
(三)石　神	(坂　祝)	4 0 1
(捕)守　屋	(美加東)	6 4 1
(中)水　野	(豊　山)	6 3 1
(一)林　龍	(東長良)	5 2 0
投　足　立	(恵那西)	0 0 0
(左)阿　部	(美加東)	5 3 3
投　原	(白　鳥)	1 0 0
打一河　村	(犬山城東)	0 0 0
(右)細　江	(下　呂)	5 4 1
(二)谷　本	(美加東)	2 0 0
打　山　本	(美濃加茂)	1 0 0
走　丹　羽	(大　和)	0 0 0
二　平　田	(緑ケ丘)	2 1 0
(投)林　拓	(坂　祝)	1 1 1
打　種　倉	(笠　瀬)	1 0 0
投　日下部	(下　呂)	1 0 0
打　木　辺	(坂　祝)	1 1 2
投遊藤　村	(美加西)	1 0 0
振球犠盗失併残		
0 5 1 6 1 1 14		462011

【可　児】		打安点
(遊)陶　山	(蘇　南)	3 2 0
(二)加藤慈	(陶　都)	5 2 0
(三)岡　田	(東可児)	4 1 2
(中)宮　島	(中　部)	5 3 1
(左)酒　向	(美加東)	4 1 1
(一)加藤耕	(広　陵)	3 0 0
(捕)大　脇	(中　部)	4 2 1
(投)曽　我	(蘇　南)	4 1 0
投　鈴　木	(蘇　南)	0 0 0
(右)石　黒	(西可児)	3 0 0
振球犠盗失併残		
6 5 0 0 1 0 8		35125

投　手		回	安責
林　拓	(坂　祝)	3	4 3
日下部	(下　呂)	2	4 2
藤　村	(美加西)	2	0 0
原	(白　鳥)	1	2 0
足　立	(恵那西)	1	2 0
曽　我	(蘇　南)	4 2/3	10 7
鈴　木	(蘇　南)	4 1/3	10 4

▽二塁打　阿部、守屋、林龍（美）
試合時間　２時間20分

可児＝5回裏 2死一、二塁、酒向が2点差に迫る適時打を放つ

可児＝5回裏 1死一塁、けん制に際どいタイミングで帰塁する陶山

可児＝5回途中から救援した右腕・鈴木

美濃加茂＝1回表 2死一塁、二盗を決めた後、敵失を突いて三塁を陥れた水野

1回戦

高山工 4-3 益田清風

7月19日

高山市中山公園野球場

	1	2	3	4	5	6	7	8	9	計
益田清風	0	0	0	1	1	1	0	0	0	3
高山工	0	1	0	2	0	0	0	1	×	4

豪雨乗り越え粘闘

益田清風=9回表 2死、最後の打者細江が一ゴロに倒れる

高山工=2回裏 2死二塁、先制のホームを踏む川上雄

高山工=8回裏 無死二塁、藤田が勝ち越しの生還

【益田清風】			打安点
(遊)	細江	(竹原)	521
(二)	岡田	(東山)	210
(中)	富永	(萩原南)	420
(投)	南	(宮)	321
(三)	今井平	(萩原南)	210
(捕)	島田	(久々野)	300
(左)	二村	(萩原南)	411
(右)	金子	(萩原北)	100
右	今井鉄	(下呂)	310
(一)	田口	(下呂)	310

振球犠盗失併残

３３４０１０７　30113

【高山工】			打安点
(二)	早船	(宮)	320
(一)	滝村直	(丹生川)	200
投	今井幹	(下呂)	100
投	佐藤	(久々野)	000
打	青木	(中山)	100
投	小倉	(古川)	000
(左)	長田	(中山)	400
(投)一	藤田	(日枝)	410
(捕)	川上雄	(中山)	441
(中)	谷口	(中山)	300
(右)	滝村春	(丹生川)	432
(三)	大野	(清見)	420
(遊)	斎藤	(下呂)	211

振球犠盗失併残

４１２００３７　32134

投手		回	安責
南	(宮)	8	134
藤田	(日枝)	$3\frac{1}{3}$	41
今井	(下呂)	$2\frac{2}{3}$	42
佐藤	(久々野)	1	30
小倉	(古川)	2	00

▽三塁打　早船（高）▽二塁打　細江、富永、二村（益）藤田、川上３（高）▽暴投　藤田（高）

▽試合時間　２時間10分

益田清風=4回表 1死二塁、暴投で三塁を陥れる富永

益田清風＝ピンチで言葉を掛け合うバッテリー

1回戦

9-4

大垣工　揖斐

7月19日

大垣市北公園野球場

	1	2	3	4	5	6	7	8	9	計
大垣工	2	3	2	2	0	0	0	0	0	9
揖斐	0	0	1	1	0	0	1	0	1	4

大垣工 序盤に打線爆発

【大垣工】			打安点
(右)	増田	(赤坂)	100
打	棚瀬	(穂積)	100
右	高橋拓都	(大垣南)	200
(二)	辻	(神戸)	112
(三)	瀬古	(岐阜西)	431
(一)	屋敷	(赤坂)	511
(投)	松村	(真正)	522
(中)	大倉	(城南)	310
走	平井	(揖斐川)	000
中	藤原	(揖斐川)	100
(左)	沢井	(鶴沼)	311
(遊)	細野	(神戸)	421
(捕)	野崎	(境川)	410

振球犠盗失併残
7 8 4 6 0 2 10　　34 12 8

【揖斐】			打安点
(中)	石田	(池田)	422
(遊)	小笠原	(赤坂)	320
(三)投	石司	(赤坂)	511
(一)三	今井翔	(北和)	400
(右)	平野	(神戸)	421
(二)	坪井	(池田)	420
(左)	小林	(西部)	300
(投)	山川	(揖東)	000
一	早野	(赤坂)	310
(捕)	藤原	(北和)	410

振球犠盗失併残
7 4 1 0 1 1 8　　34 11 4

投手		回	安責
松村	(真正)	9	11 4
山川	(揖東)	$1\frac{2}{3}$	5 4
石司	(赤坂)	$7\frac{1}{3}$	7 4

▽本塁打　平野（揖）
▽三塁打　小笠原、早野（揖）
▽二塁打　屋敷、細野2、辻、瀬古、松村（大）石田（揖）
試合時間　2時間26分

大垣工＝3回表 1死一塁、適時二塁打を放つ細野

揖斐＝2番手で好投した石司（左）と捕手藤原

大垣工＝3回表 1死一塁、細野の二塁打で生還する沢井

大垣工＝先発し完投勝利を挙げた松村

揖斐＝4回裏 無死、平野が豪快な本塁打を放つ

	1	2	3	4	5	6	7	計
飛騨高山	4	2	0	0	0	3	2	11
斐太	2	0	0	1	1	0	0	4

（7回コールド）

飛騨高山 エースが10Ｋ

1回戦

11 - 4

飛騨高山 斐太

7月19日

高山市中山公園野球場

飛騨高山＝10三振完投のエース重田蓮

斐太＝ピンチでマウンドに集まる

斐太＝5回裏 無死三塁、田口の二ゴロの間に三走荒井が生還し、2点差

飛騨高山＝1回表 1死三塁、適時三塁打を放つ川上瑠

斐太＝1回裏 1死一、二塁、岩垣の左前打で一走遠藤が本塁を狙うもタッチアウト

【飛騨高山】			打安点
㈥	川上永	（古　川）	３１０
㈹	山　田	（東　山）	４２０
㈡	橋　本	（中　山）	２０１
㈾	重田蓮	（松　倉）	４３６
㈠	桜　本	（中　山）	４１３
㈲左	川上瑠	（中　山）	４１１
㈢	坂　本	（　宮　）	２００
㈸	中　田	（国　府）	３００
右	重田聖	（古　川）	１００
㈮	松　本	（国　府）	３１０

振球犠盗失併残
５10２０４０10　　30９11

【斐　太】			打安点
㈮	中　島	（下　呂）	４００
㈢	畑　中	（国　府）	３００
三	森　下	（朝　日）	０００
㈥	遠　藤	（松　倉）	２００
㈹	岩　垣	（萩原南）	３１１
㈠	清　水	（松　倉）	３００
㈾	今　井	（下　呂）	３００
㈸	大　下	（北　稜）	２１１
㈲	荒　井	（丹生川）	３１０
㈡	田　口	（日　枝）	３０１

振球犠盗失併残
10２０４１０３　　26３３

投手	回	安責
重田蓮（松　倉）	７	３２
今　井（下　呂）	７	９10

▽三塁打　川上瑠（飛）荒井（斐）▽二塁打　重田蓮（飛）大下（斐）▽暴投　重田蓮（飛）今井２（斐）
試合時間　２時間11分

1回戦

5 - 1
大垣北　海津明誠

7月19日

大垣市北公園野球場

	1	2	3	4	5	6	7	8	9	計
海津明誠	1	0	0	0	0	0	0	0	0	1
大垣北	0	4	0	0	1	0	0	0	×	5

大垣北　投打かみあい快勝

大垣北＝2回裏 1死一、二塁、右前へ適時打を放つ和藤

大垣北＝1失点完投で勝利に導いた安藤透

海津明誠＝先発した下里

【海津明誠】			打安点
㈲	井　上	（東　安）	310
㈹	鈴　木	（日　新）	400
㈠	横　山	（日　新）	411
㈸左	下　里	（大垣南）	410
㈫	菱　田	（日　新）	300
㈢	渡辺和	（登　龍）	300
打	伊藤健	（日　新）	100
㈡	若　狭	（中　島）	400
㈶	神　田	（竹　鼻）	100
投	小　林	（東　安）	000
㈰	加　藤	（日　新）	100
打	田　中	（日　新）	100
右	渡辺涼	（城　南）	100
振球犠盗失併残			
8403226			3031

【大垣北】			打安点
㈹	田　宮	（神　戸）	510
㈢	馬　淵	（神　戸）	411
㈠	竹　村	（城　南）	400
㈶	野　田	（北　和）	320
㈲	久　世	（星　和）	430
㈡	大　橋	（西　部）	321
㈫	山　田	（神　戸）	322
㈸	安藤透	（巣　南）	310
㈰	和　藤	（神　戸）	421
振球犠盗失併残			
5220118			33145

投　手		回	安責
下　里	（大垣南）	5	135
小　林	（東　安）	3	10
安藤透	（巣　南）	9	31

▽二塁打　井上、下里（海）
試合時間　2時間12分

海津明誠＝2番手で登板し好投した小林

大垣北＝2回裏 同点打に沸くベンチ

1回戦

17-2

多治見工 恵那南

7月19日

大野レインボースタジアム

	1	2	3	4	5	6	7	計
多治見工	1	1	0	2	1	0	12	17
恵那南	0	0	2	0	0	0	0	2

（7回コールド）

多治見工、7回に12得点

多治見工＝7回表 無死満塁、左越えの2点適時二塁打を放った水越

恵那南＝3回裏 1死満塁、チーム唯一の打点を挙げた小森

恵那南＝6回表 1死二塁、多治見工尾関が放った安打性の当たりを好捕した水野

多治見工＝7回表 無死一、二塁、庭野が放った左前適時打で二塁から本塁を狙う丹羽

多治見工＝4回表 2死一塁、右越えの適時三塁打を放ち、三塁へスライディングする尾関

【多治見工】		打安点
㈢二 尾関	（陶都）	4 2 1
㈱ 鈴木	（肥田）	5 2 1
㈲ 水越	（笠原）	3 3 3
㈧三 丹羽	（瑞浪）	4 3 3
㈴右 佐藤	（泉）	3 0 0
左 渡辺	（西陵）	1 1 1
左 大鋸	（泉）	0 0 0
㈩左右 高井	（北陵）	3 0 0
打 庭野	（濃南）	1 1 1
打 吉田	（小泉）	1 1 1
右 山本	（陶都）	0 0 0
㈡ 松岡	（泉）	2 2 0
投 石川	（西陵）	2 1 0
打 川地	（瑞浪）	0 0 1
投 奥	（北陵）	0 0 0
㈠ 小木曽	（北陵）	5 2 2
㈥ 若尾	（陶都）	3 1 1
振球犠盗失併残		
3 6 1 2 2 1 6		37 19 15

【恵那南】		打安点
㈱ 伊藤	（明智）	4 2 0
㈲ 小川	（岩邑）	4 1 0
㈴一投 今野	（恵那西）	4 2 0
㈢投三 小森	（中津二）	3 0 1
㈠三一 安藤	（上矢作）	3 0 0
㈥ 佐藤	（瑞浪）	3 2 0
㈧ 鈴木	（坂下）	3 0 0
㈡ 大塚	（山岡）	3 0 0
㈩ 水野	（恵那西）	2 0 0
振球犠盗失併残		
7 1 0 0 3 2 7		29 7 1

投手		回	安責
佐藤	（泉）	3	3 0
石川	（西陵）	3	3 0
奥	（北陵）	1	1 0
今野	（恵那西）	6 0/3	18 13
小森	（中津二）	0/3	1 1
今野	（恵那西）	1	0 0

▽三塁打　水越、尾関、丹羽（多）▽二塁打　水越、丹羽（多）小川（恵）

試合時間　2時間2分

1回戦

11-4

岐阜　羽島・山県

7月19日

長良川球場

	1	2	3	4	5	6	7	計
岐阜	3	4	1	1	1	1	0	11
羽島・山県	0	0	0	2	2	0	0	4

（7回コールド）

岐阜10安打で突き放す

岐阜＝2回表 1死二塁、左中間越えの2ランを放ち、拳を突き上げる仙石

岐阜＝1回表 1死一、二塁、横川の適時二塁打で1点を追加

羽島・山県＝先発した主戦名和

羽島・山県＝4回裏 無死二、三塁、小塩の内野安打で1点を返す

岐阜＝試合開始前、ベンチから駆け出すナイン

【岐　阜】		打安点
㈱古　田	（陽　南）	430
㊧橋　本	（神　戸）	000
打左雨　堤	（境　川）	100
㊂一福　田	（羽中央）	211
㈹投中井　藤	（梅　林）	203
㊨仙　石	（稲　羽）	313
㈠横　川	（青　山）	321
走三高　木	（岐清流）	000
㈱長　屋	（加　納）	200
㈹伊　藤	（羽　島）	100
投中堀　部	（美加東）	220
投　久保田	（緑　陽）	000
投　後　藤	（美　山）	000
㈡日比野	（各中央）	310
振球犠盗失併残		
4107 2108		2310 8

【羽島・山県】		打安点
㈹遊名　和	（岐南・羽）	200
㊂玉　井	（岐北・山）	432
㈱投小　塩	（羽島・羽）	411
㈱桜　井	（岐南・羽）	321
㈠高　井	（岩野田・山）	300
㈡竹　内	（竹鼻・羽）	300
㊥南　谷	（笠松・羽）	200
㊨岡　田	（伊自良・山）	200
打　高　橋	（桜丘・羽）	100
㊧松　井	（桜ケ丘・羽）	100
打左三　井	（高富・山）	100
振球犠盗失併残		
7400215		266 4

投　手		回	安責
伊　藤	（羽　島）	2	10
堀　部	（美加東）	2	22
井　藤	（梅　林）	1	12
久保田	（緑　陽）	1	10
後　藤	（美　山）	1	10
名　和	（岐南・羽）	2⅔	56
小　塩	（羽島・羽）	5	53

▽本塁打　仙石（岐）▽三塁打　古田（岐）玉井（山）▽二塁打　古田2、横川2（岐）玉井（山）▽暴投　井藤（岐）

試合時間　2時間19分

	1	2	3	4	5	6	7	8	9	計
加納	0	0	0	0	0	1	0	0	0	1
市岐阜商	0	0	0	1	0	0	0	1	×	2

1回戦

市岐阜商 2-1 加納

7月19日

プリニーの野球場

粘投のエース　僅差に泣く

加納＝変化球を多用して粘りの投球を続けたエースの山本

市岐阜商＝8回裏 無死三塁、森が勝ち越しの決勝犠飛

市岐阜商＝5回をノーヒットピッチングしたエース尾口

市岐阜商＝8回裏 無死三塁、勝ち越しホームに生還の高木

加納＝7回裏 守りの窮地を切り抜けて仲間と喜び合う投手加藤（左）

【加　納】		打安点
㈥　野々田	(東長良)	4 0 0
㈱　小　西	(美加東)	3 1 0
㈢　国　井	(糸　貫)	4 1 0
㈫左山　本	(緑　陽)	4 1 1
㈲　古　田	(緑　陽)	4 0 0
㈠　岩　田	(境　川)	4 0 0
㊧二　原	(鵜　沼)	3 0 0
㈹　伊　藤	(美加西)	3 0 0
㈡　三　島	(梅　林)	1 0 0
投　尾　関	(川　島)	0 0 0
打　小崎雄	(笠　松)	1 0 0
投　加　藤	(東長良)	0 0 0
打　森	(羽　島)	0 0 0
投　永　井	(精　華)	0 0 0
振球犠盗失併残		
10 2 0 1 0 1 5		31 3 1

【市岐阜商】		打安点
㈡　高　木	(大　和)	3 1 0
㈥　森	(青　山)	2 0 1
㈱　寺　田	(大垣西)	4 1 0
㈠　宮　川	(大　野)	4 2 0
㈫右投　尾　口	(桜ケ丘)	3 1 1
㈹　福　田	(古　川)	3 0 0
㊧　佐　藤	(　島　)	2 0 0
㈲　小　鳥	(川　島)	2 0 0
投　林	(神　戸)	1 1 0
右　野　田	(岐清流)	0 0 0
㈢　平　塚	(青　山)	2 0 0
打　松　井	(古　川)	1 0 0
三　田　中	(日　枝)	0 0 0
振球犠盗失併残		
4 2 2 3 1 0 5		27 6 2

投　手		回	安責
山　本	(緑　陽)	4	4 1
尾　関	(川　島)	1	0 0
加　藤	(東長良)	2	2 0
永　井	(精　華)	1	0 1
尾　口	(桜ケ丘)	5	0 0
林	(神　戸)	3	3 1
尾　口	(桜ケ丘)	1	0 0

▽二塁打　国井（加）尾口（市）
▽暴投　尾口（市）
▽捕逸　伊藤（加）
試合時間　1時間47分

1回戦

5 - 0
関 郡上
7月23日
土岐市総合公園野球場

	1	2	3	4	5	6	7	8	9	計
関	0	1	0	0	0	4	0	0	0	5
郡上	0	0	0	0	0	0	0	0	0	0

関エース 制球抜群

関＝5回裏 2死二塁、ピンチを切り抜け、笑顔を浮かべるエース中島

郡上＝3回表 2死一、二塁、二ゴロをさばく小林

関＝6回表 2死二、三塁、右前適時打を放つ杉本

郡上＝1回裏 2死、チーム初安打となる左前打を放つ山下真

関＝6回表 1死二、三塁、藤井の野選で生還する中島

【関】			打	安	点
(右)	和田	(坂祝)	4	0	0
打	飯田	(桜ケ丘)	1	0	0
右	芝	(小金田)	0	0	0
(二)	杉本	(桜ケ丘)	5	1	1
(三)	古田	(旭ケ丘)	3	1	0
三	吉田	(桜ケ丘)	0	0	0
(一)	奥田	(桜ケ丘)	2	0	0
(中)	荒川	(高鷲)	3	1	0
(投)左	中島	(桜ケ丘)	2	0	0
(遊)	渡辺	(旭ケ丘)	3	0	0
(捕)	川原	(美濃)	3	1	1
(左)	藤井	(旭ケ丘)	3	0	1
左	若狭	(旭ケ丘)	1	0	0
投	尾関	(緑ケ丘)	0	0	0

振球犠盗失併残
7711016　30 4 3

【郡上】			打	安	点
(中)	田中翔	(八幡西)	4	0	0
(遊)	田中健	(八幡)	4	0	0
(三)二	山下真	(白鳥)	4	2	0
(捕)	和田義	(八幡)	3	0	0
(一)	遠藤	(白鳥)	4	3	0
(二)	小林	(八幡西)	2	0	0
打	金森	(大和)	1	1	0
走三	亀山	(郡南)	1	0	0
(左)	坂下	(八幡)	3	1	0
(投)	山下宗	(白鳥)	1	0	0
投	高平	(大和)	1	0	0
(右)	柴山	(八幡)	3	0	0

振球犠盗失併残
8110006　31 7 0

投手		回	安	責
中島	(桜ケ丘)	$8\frac{1}{3}$	6	0
尾関	(緑ケ丘)	$\frac{2}{3}$	1	0
山下宗	(白鳥)	$5\frac{0}{3}$	3	4
高平	(大和)	4	1	1

▽二塁打　金森（郡）▽暴投　山下宗（郡）▽ボーク　高平（郡）
試合時間　2時間5分

2回戦

10-0
東濃実　加茂
7月19日
KYBスタジアム

	1	2	3	4	5	6	計
加茂	0	0	0	0	0	0	0
東濃実	0	3	0	0	1	6×	10

（6回コールド）

東濃実が6回コールド

東濃実＝5回裏 無死二塁、適時三塁打を放つ福井蓮

加茂＝連打を許した2番手森重を励まそうと、マウンドに集まるナイン

東濃実＝6回を投げ、被安打2、無失点に封じた西田

加茂＝先発を任された左腕朝日

東濃実＝4回裏 2死、チーム初の長打となる三塁打を放つ林優

【加　茂】		打安点
(中)	林（川　辺）	300
(二)	森　川（美加西）	300
(左)	板　津（美加西）	310
(三)	寺　岡（蘇　南）	200
(一)	神　戸（金　山）	200
(捕)	岸（美加東）	200
(投)	朝　日（双　葉）	100
投	森　重（西可児）	110
(遊)	後　藤（美加東）	200
(右)	渡　辺（美加東）	200

振球犠盗失併残
6000103　2120

【東濃実】		打安点
(中)	林　優（美加西）	420
(遊)	勝　野（広　陵）	212
(三)	竹　腰（白　川）	210
(左)	所（八東部）	301
走	大　平（広　陵）	000
(一)	大　岩（白　川）	431
(二)	福井蓮（美加東）	322
(右)	多和田（蘇　南）	312
(投)	西　田（西可児）	311
打	林　蛍（美加東）	100
(捕)	大　霜（八百津）	311

振球犠盗失併残
3621219　281210

投　手	回	安責
朝　日（双　葉）	3	53
森　重（西可児）	$2\frac{2}{3}$	76
西　田（西可児）	6	20

▽三塁打　林優、福井蓮（東）▽二塁打　大岩、多和田（東）▽暴投　森重（加）
試合時間　1時間25分

2回戦

15-5
岐阜各務野　岐南工
7月19日
長良川球場

	1	2	3	4	5	6	7	8	9	計
岐阜各務野	1	0	2	4	0	0	0	0	8	15
岐南工	0	0	1	0	0	0	0	4	0	5

4番が一発　大仕事

岐阜各務野＝4回表 1死二塁、右越え2ランを放つ4番の白木

岐南工＝先発した山岸

岐阜各務野＝1回表 無死一、三塁、松原の犠飛で生還する三走丸山

【岐阜各務野】

			打安点
㈥	丸　山	(境　川)	５２０
中	佐　田	(旭ケ丘)	２００
㈡	木　村	(羽　島)	５４１
㈠	松　原	(鵜　沼)	５２３
㈨	白　木	(岐　北)	６４４
㈥	出　口	(美加西)	４２０
㈤	鵜　飼	(瑞　陵)	６３０
㈦	玉　田	(桜ケ丘)	６５１
㈪	青　木	(川　島)	４１２
㈰	西　島	(川　島)	２００
打	山　見	(穂　積)	１００
投	小　西	(緑ケ丘)	０００
投	林	(羽　島)	１００
投	北　村	(下有知)	１１２

振球犠盗失併残
３５２111３13　482413

【岐南工】

			打安点
㈤	大　熊	(陽　南)	４３１
㈥	佐　藤	(糸　貫)	４１０
打	若　松	(真　正)	１００
中	吉村駿	(境　川)	０００
㈥	三　木	(中　萩)	３２０
㈠	棚　橋	(羽中央)	３２０
㈦	堀　田	(陽　南)	５２１
㈪	堀	(境　川)	５００
㈨	沢　井	(各中央)	４００
㈰	山　岸	(高　富)	１００
投	井　上	(青　山)	３１１
㈡	吉村慎	(竹　鼻)	３１１

振球犠盗失併残
６６００２１10　36124

投手		回	安責
西　島	(川　島)	4	７１
小　西	(緑ケ丘)	1	１０
林	(羽　島)	2⅔	３３
北　村	(下有知)	1⅓	１０
山　岸	(高　富)	3⅓	105
井　上	(青　山)	5⅔	148

▽本塁打　白木（阜）▽三塁打　丸山（阜）▽二塁打　松原、鵜飼、北村（阜）三木、井上（南）▽暴投　西島（阜）井上（南）▽捕逸　堀（南）
試合時間　2時間45分

岐阜各務野＝9回表 2死一、二塁、鵜飼の適時打で生還する二走白木

岐南工＝3回裏 無死一、三塁、堀田の中前適時打で1点を返す

2回戦

14-4

岐阜城北 本巣松陽

7月19日

プリニーの野球場

	1	2	3	4	5	計
本巣松陽	0	2	2	0	0	4
岐阜城北	2	0	5	0	7×	14

（5回コールド）

岐阜城北 畳み掛け一気

岐阜城北＝3回裏 2死二、三塁、山口が逆転2点適時打

岐阜城北＝1回裏 1死二塁、宇野が先制2ラン

本巣松陽＝3回表 無死一、二塁、村瀬が勝ち越しの右翼線二塁打

岐阜城北＝4回裏 2死一、二塁、二走森田が暴投の間に本塁を狙うも憤死

本巣松陽＝2回表 2死二塁、松原の左前適時打で追いつく

【本巣松陽】

			打	安	点
(二)	福井	(岐清流)	2	0	0
(遊)	田島	(島)	3	1	0
(三)	原	(岐北)	3	1	0
(中)	村瀬	(岐北)	3	2	1
(投)	溝口	(糸貫)	2	2	1
(左)	斉藤	(穂積)	2	0	1
(捕)	杉山	(大野)	2	0	0
(一)	松原	(岐清流)	2	1	1
(右)	平光	(岐中央)	2	2	0

振	球	犠	盗	失	併	残			
5	1	2	0	3	0	5	21	9	4

【岐阜城北】

			打	安	点
(左)	伊藤	(三輪)	2	0	0
左	足立	(小金田)	2	0	0
(遊)	森本	(羽島)	4	3	1
(一)	宇野	(笠松)	3	2	4
(三)	森田	(笠松)	4	2	1
(二)	神戸	(平田)	3	0	0
(中)	加藤	(岐中央)	2	1	1
(右)	山口	(高富)	3	1	2
(捕)	田中伸	(美山)	3	3	1
(投)	矢野	(笠松)	2	1	2

振	球	犠	盗	失	併	残			
2	3	1	3	0	0	5	28	13	12

投手		回	安	責
溝口	(糸貫)	$4\frac{1}{3}$	13	7
矢野	(笠松)	5	9	4

▽本塁打　宇野（岐）▽三塁打　田中伸、森田（岐）▽二塁打　村瀬（本）宇野（岐）▽暴投　溝口（本）試合時間　1時間28分

2回戦

6 - 2

加茂農林　関有知

7月19日

大野レインボースタジアム

	1	2	3	4	5	6	7	8	9	計
加茂農林	0	1	4	0	0	0	0	0	1	6
関有知	0	0	2	0	0	0	0	0	0	2

加茂農林 効果的に加点

【加茂農林】		打安点
(中)　丹　羽	(共　和)	510
(投)右加　藤	(金　山)	300
(右)投三　浦	(坂　祝)	300
(捕)　西之原	(小　泉)	401
(三)　藤　井	(共　和)	521
(一)　国　江	(土岐津)	300
(遊)　柘　植	(白　川)	523
(左)　沢	(緑ケ丘)	200
打左吉田智	(桜ケ丘)	100
(二)　永　瀬	(蘇　原)	410
振球犠盗失併残		
69010011		3565

【関有知】		打安点
(右)投一　安　田	(岐　南)	300
(二)　佐　藤	(桜ケ丘)	410
(遊)　沢村龍	(昭　和)	421
(捕)　奥　村	(藍　川)	211
(一)投熊　代	(緑ケ丘)	300
(中)　青　木	(境　川)	420
(三)右沢村有	(昭　和)	410
(投)　清　水	(緑ケ丘)	100
右　田中新	(藍川北)	000
投　後　藤	(桜ケ丘)	200
三　町　屋	(岐　北)	100
(左)　末　松	(群　南)	400
振球犠盗失併残		
3501208		3272

投　手		回	安責
加　藤	(金　山)	5	52
三　浦	(坂　祝)	4	20
清　水	(緑ケ丘)	2 1/3	10
安　田	(岐　南)	0/3	14
後　藤	(桜ケ丘)	4 2/3	30
熊　代	(緑ケ丘)	2	11

▽二塁打　沢村龍（関）
▽暴投　後藤、熊代（関）
試合時間　２時間24分

加茂農林＝3回表 2死満塁、2点中前適時打を放つ柘植

関有知＝先発の清水

関有知＝3回裏 2死一塁、沢村龍の二塁打で一塁から一気に生還した安田

加茂農林＝6回に登板し、以降を無失点で抑えた2番手三浦

関有知＝3回裏 2死三塁、左前適時打を放つ奥村

	1	2	3	4	5	6	計
高山西	1	4	0	0	4	2	11
高山工	0	0	0	0	0	0	0

（6回コールド）

高山西 投打で圧倒

2回戦

11－0 高山西 高山工

7月20日

高山市中山公園野球場

高山西＝5回表 無死満塁、三枝が右中間に走者一掃の適時三塁打を放つ

【高山西】

			打安点
㊧	細　江	（下　呂）	531
㊥	三　枝	（東　山）	334
(捕)	堀之上	（古　川）	200
(二)遊	森　本	（古　川）	523
(一)	岩　田	（日　枝）	421
(投)	中　屋	（古　川）	210
㊨	形　部	（萩原南）	420
(三)	山　越	（　宮　）	210
(遊)	船　坂	（国　府）	200
打	矢　島	（久々野）	100
二	長谷川	（松　倉）	000

振球犠盗失併残　　　
4826001１　　30149

【高山工】

			打安点
(二)	早　船	（　宮　）	200
(一)	滝村直	（丹生川）	210
投	今井幹	（下　呂）	000
㊧	長　田	（中　山）	200
(投)一	藤　田	（日　枝）	300
(捕)	川上雄	（中　山）	310
㊥	谷　口	（中　山）	300
㊨	滝村春	（丹生川）	210
(三)	大　野	（清　見）	100
(遊)	斎　藤	（下　呂）	200

振球犠盗失併残
6503107　　2030

投手		回	安責
中　屋	（古　川）	6	30
藤　田	（日　枝）	5	118
今井幹	（下　呂）	1	32

▽三塁打　三枝、細江（西）▽二塁打　川上雄、滝村春（工）▽暴投　藤田3（工）
試合時間　1時間56分

高山工＝先発した主戦藤田

高山工＝試合開始前、ベンチから駆け出すナイン（奥）

高山工＝3回裏 2死一塁、二塁打を放ち拳を突き上げる川上雄

高山西＝高山工打線を3安打に抑えた主戦中屋

2回戦

9-5
飛騨高山 飛騨神岡
7月22日
高山市中山公園野球場

	1	2	3	4	5	6	7	8	9	計
飛騨高山	6	1	0	0	1	1	0	0	0	9
飛騨神岡	0	0	1	0	2	1	1	0	0	5

飛騨高山 初回に6点

飛騨高山＝1回表 2死一、三塁、先制の中越え二塁打を放つ川上瑠

【飛騨高山】

	選手	出身	打安点
(中)	川上永	(古　川)	600
(捕)	山　田	(東　山)	520
(二)	橋　本	(中　山)	310
(一)投	重田蓮	(松　倉)	311
(左)	川上瑠	(中　山)	422
(三)	坂　本	(　宮　)	300
打	中　田	(国　府)	100
三	向　本	(日　枝)	000
(右)	重田聖	(古　川)	411
走右	川　原	(日　枝)	000
(投)	荒　木	(清　見)	312
投	溝　端	(　宮　)	110
一	桜　本	(中　山)	110
(遊)	松　本	(国　府)	412

振球犠盗失併残
８６２０３１10　38118

【飛騨神岡】

	選手	出身	打安点
(一)	二　村	(萩原南)	432
(二)	高　林	(神　岡)	200
打	島	(中　山)	101
走二	中　田	(北　陵)	200
(遊)	松　田	(神　岡)	510
(投)三	堀　田	(神　岡)	510
(捕)	小　谷	(古　川)	411
(左)	今　井	(萩原北)	500
(三)	田　口	(古　川)	000
投	山　腰	(古　川)	310
(中)	住　垣	(古　川)	321
中	長　沢	(東　山)	100
(右)	花　岡	(古　川)	320

振球犠盗失併残
10４００３０10　38115

投手		回	安責
荒　木	(清　見)	5	43
溝　端	(　宮　)	2	61
重田蓮	(松　倉)	2	10
堀　田	(神　岡)	2/3	30
山　腰	(古　川)	8 1/3	82

▽三塁打　二村（神）▽二塁打　川上瑠２、松本、溝端（高）山腰（神）
試合時間　２時間40分

飛騨神岡＝試合に敗れ、涙を流す小谷（左）ら

飛騨高山＝1回表 2死一、三塁、右越えの2点二塁打を放つ松本

飛騨神岡＝1回途中から登板し力投した山腰

飛騨高山＝先発した荒木

	1	2	3	4	5	計
土岐商	3	0	2	5	4	14
土岐紅陵	1	0	0	1	0	2

（5回コールド）

土岐商 序盤猛打で一気

2回戦

14-2

土岐商 土岐紅陵

7月23日

KYBスタジアム

土岐商＝1回表 2死一、三塁、木村が先制3ランを放つ

【土岐商】

			打安点
(二)	山田	(西陵)	100
(遊)	中島	(笠原)	321
(中)	伊佐地	(西陵)	412
(捕)	市岡	(中津二)	110
(右)	木村	(瑞陵)	325
(三)	大橋	(西陵)	424
(左)	野村	(平和)	321
打	市川	(釜戸)	100
左	朝生	(瑞浪南)	000
(一)	深萱	(泉)	300
(投)	各務	(笠原)	110
投	前田	(陶都)	000
打	日比野	(美加東)	100
投	渡辺	(北陵)	000
投	高須	(陶都)	000

振球犠盗失併残
2632105　251113

【土岐紅陵】

			打安点
(遊)	林	(駄知)	300
(中)	土本	(駄知)	100
(三)投	菅野	(笠原)	300
(投)三	藤井隆	(駄知)	321
(捕)	福井	(肥田)	200
(一)	柴田	(駄知)	200
(左)	千田	(泉)	200
(右)	藤井真	(駄知)	111
(二)	河本	(陶都)	200

振球犠盗失併残
4301205　1932

投手		回	安責
各務	(笠原)	3	11
前田	(陶都)	1	20
渡辺	(北陵)	1/3	00
高須	(陶都)	2/3	00
藤井隆	(駄知)	3 1/3	66
菅野	(笠原)	1 2/3	45

▽本塁打　木村（商）▽二塁打　中島2、伊佐地、木村、大橋、野村（商）▽暴投　藤井隆、菅野（紅）▽捕逸　福井（紅）
試合時間　1時間36分

土岐商＝先発マウンドに立った各務

土岐商＝4回表 1死二塁、野村の中飛でタッチアップして三塁にスライディングする二走・大橋。三塁手藤井隆

土岐紅陵＝2番手菅野を囲んで守備タイムを取るナイン

土岐商＝5回表 2死満塁、大橋が走者一掃の適時二塁打を放つ

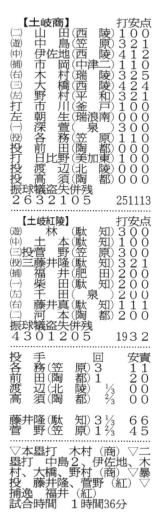

2回戦

5-4
大垣商 大垣南
7月23日
大垣市北公園野球場

	1	2	3	4	5	6	7	8	9	計
大垣南	0	2	0	0	0	0	0	2	0	4
大垣商	0	2	2	0	0	0	1	0	×	5

大垣商 つなぐ野球で振り切る

大垣商＝7回裏 2死二塁、試合を決定づける中越えの適時二塁打を放つ岩崎

大垣南＝2回表 2死三塁、先制の中越え適時三塁打を放つ大橋

大垣商＝3回裏 無死一塁、悪送球の間に一塁から一気に本塁へ生還した水野塁

【大垣南】			打安点
(三)	橋本	(大垣東)	311
(遊)	渡辺勇	(西部)	400
遊	樋口	(西部)	000
(中)	三島	(大垣南)	520
(捕)	大沢	(大垣東)	410
(左)	加納	(大垣東)	300
(一)二	木村	(養東部)	410
(投)	大橋	(江並)	421
(二)右	木地	(輪之内)	420
(右)	森島	(大垣北)	330
走	日比野	(城南)	000
一	西脇	(関ケ原)	000

振球犠盗失併残
7621 2011　　3412 2

【大垣商】			打安点
(右)	古田	(揖斐川)	300
打	牧野	(穂積)	100
右	桜林	(揖斐川)	000
(二)投	水野塁	(揖斐川)	420
(左)	岩崎	(池田)	321
走	阪本	(江並)	000
一捕	池田	(神戸)	000
(一)	田中亮	(大垣西)	200
左中	杉山	(谷汲)	000
(遊)	田中克	(不破)	421
(三)	水野曉	(不破)	200
打一	伊藤	(城南)	100
(中)	貞光	(不破)	201
中三	井尾	(穂積)	100
(捕)	大橋	(城南)	211
捕	下野	(東安)	100
左	林	(大垣南)	000
(投)	早野	(大垣東)	110
打	近沢	(養東部)	100
投	岩田	(岐北)	100
二	内田	(不破)	000

振球犠盗失併残
4142125　　2984

投手		回	安責
大橋	(江並)	8	83
早野	(大垣東)	4	61
岩田	(岐北)	4	52
水野塁	(揖斐川)	1	10

▽三塁打　大橋（南）▽二塁打　三島（南）岩崎（商）▽暴投　岩田、水野塁（商）
試合時間　2時間13分

大垣南＝8回表、反撃し盛り上がるベンチ

大垣商＝2回裏 2死三塁、同点に追いつく適時打を放つ大橋

	1	2	3	4	5	6	7	計
関商工	0	0	0	0	2	0	0	2
美濃加茂	0	1	2	0	3	3	×	9

（7回コールド）

2回戦

9－2 美濃加茂 関商工

7月23日

長良川球場

美濃加茂 奮い立つ

美濃加茂＝7回表 気迫に満ちたピッチングを見せる村瀬

関商工＝先発した小島

美濃加茂＝3回裏 2死三塁、水野の右中間越え二塁打で1点追加

関商工＝5回表 無死二、三塁、右前適時打を放ち一矢報いる笠野

美濃加茂＝2回裏 1死二塁、敵失の間に二走の細江が生還し先制

【関商工】

			打	安	点
(二)	纐纈	(旭ケ丘)	3	0	0
(中)	古田	(桜ケ丘)	3	1	0
(右)	高井	(旭ケ丘)	3	0	0
(一)	和田	(八幡)	3	3	0
(捕)	古川	(下有知)	3	1	0
(左)	笠野	(三輪)	3	2	1
(三)	田口	(川辺)	1	0	0
遊	野口	(桜ケ丘)	1	0	0
(遊)	福田	(桜ケ丘)	1	0	0
打三	伊佐地	(旭ケ丘)	2	0	0
(投)	小島	(坂祝)	1	0	0
投	国本	(美加西)	1	0	0
投	長谷川	(美加西)	0	0	0
打	中山	(高富)	1	0	0

振	球	犠	盗	失	併	残	打	安	点
8	0	1	0	3	1	4	26	7	1

【美濃加茂】

			打	安	点
(遊)	吉田友	(江並)	2	1	0
(三)	石神	(坂祝)	3	2	0
(捕)	守屋	(美加東)	4	2	3
(中)	水野	(豊山)	3	3	3
(右)	細江	(下呂)	4	1	1
(一)	林龍	(東長良)	3	1	0
(左)	阿部	(美加東)	3	0	0
(二)	谷本	(美加東)	2	0	0
打	種倉	(笈瀬)	1	1	0
走	小島	(木曽川)	0	0	0
二	平田	(緑ケ丘)	0	0	0
(投)	村瀬	(蘇南)	1	1	0

振	球	犠	盗	失	併	残	打	安	点
3	4	2	1	1	0	5	26	12	7

投手		回	安	責
小島	(坂祝)	3	5	2
国本	(美加西)	1 1/3	0	2
長谷川	(美加西)	1 2/3	7	3
村瀬	(蘇南)	7	7	1

▽二塁打　和田、古川（関）水野2、守屋、細江（美）
試合時間　1時間48分

2回戦

中津商 3 - 0 中津川工

7月23日

KYBスタジアム

	1	2	3	4	5	6	7	8	9	計
中津川工	0	0	0	0	0	0	0	0	0	0
中津商	0	2	0	1	0	0	0	0	×	3

中津商 先行逃げ切り

中津商＝3回表 1死三塁を無失点で切り抜け、塩見とグラブタッチして引き揚げる先発・森本(左)

中津商＝2回裏 無死一、二塁、先制のホームを踏む塩見

中津川工＝先発杉山

中津商＝4回裏 2死三塁、伊藤樹が左前へ適時打を運び、貴重な追加点を挙げる

中津川工＝3回表 1死、三塁打を放つ木島

【中津川工】			打安点
(二)	井　戸	(恵那北)	300
(一)	鈴木涼	(苗　木)	420
(右)	野　中	(坂　本)	200
(捕)	大　嶽	(瑞　陵)	400
(中)	上　田	(恵那西)	400
(投)	杉　山	(中津一)	410
(遊)	鈴木創	(中津一)	300
(左)	木　島	(中津二)	310
左	小　倉	(瑞浪南)	000
(三)	石　田	(福　岡)	300

振球犠盗失併残
4311207　　3040

【中津商】			打安点
(遊)	市　川	(恵那西)	400
(中)	金　子	(恵那東)	500
(左)	伊藤樹	(恵那西)	211
左	樋　田	(恵那北)	000
打	柘　植	(岩　邑)	100
左	小　池	(恵那北)	000
(三)	吉　村	(中津二)	210
(捕)	小木曽	(中津二)	310
(一)	塩　見	(付　知)	320
一	原	(恵那東)	110
(右)	林	(坂　本)	300
(投)	森　本	(中津二)	200
打	安　田	(恵那東)	000
走	矢　頭	(岩　邑)	000
投	中　山	(坂　本)	000
(二)	田　口	(坂　下)	200

振球犠盗失併残
67311111　　2861

投手		回	安責
杉　山	(中津一)	8	61
森　本	(中津二)	8	40
中　山	(坂　本)	1	00

▽三塁打　木島（川）
試合時間　1時間58分

	1	2	3	4	5	6	7	8	9	計
岐山	1	0	0	0	1	0	1	0	0	3
岐阜総合	0	0	0	2	4	0	0	2	×	8

2回戦

岐阜総合 8-3 岐山

7月23日

長良川球場

岐阜総合 5回一気

岐阜総合＝5回裏 無死二、三塁、飯沼の右前適時打で2点を加え突き離す

岐阜総合＝4回裏 2死三塁、山内の左中間二塁打で勝ち越し

岐山＝5回表 無死一塁、一走平尾が盗塁を決める

【岐　山】			打	安	点
(左)	小　林	(三　輪)	2	0	0
打	長　友	(岐　北)	1	0	0
(二)	臼　井	(高　富)	3	1	1
(右)	藤　吉	(三　輪)	3	3	1
(捕)	藪　本	(本　巣)	4	1	1
(一)	遠　松	(境　川)	4	0	0
(中)	関	(加　納)	4	0	0
(三)	小木曽	(三　輪)	3	0	0
(投)	蒲	(岩野田)	1	0	0
投	杉　本	(　島　)	0	0	0
投	永　縄	(稲　羽)	1	0	0
投	山田陽	(高　富)	1	0	0
(遊)	平　尾	(陽　南)	2	1	0
打	福　井	(東長良)	1	0	0

振	球	犠	盗	失	併	残		打	安	点
5	5	2	3	1	1	7		30	6	3

【岐阜総合】			打	安	点
(三)	西　村	(岐中央)	2	0	0
(遊)	中　嶋	(三　輪)	3	0	0
打	笠　原	(東長良)	1	1	0
走	長　屋	(各中央)	0	0	0
遊	渡　辺	(竹　鼻)	0	0	0
(中)	飯　沼	(蘇　原)	4	2	2
(左)	岩　付	(精　華)	5	2	1
(一)	山　口	(岐阜西)	4	1	1
(捕)	寺　田	(岐阜西)	5	1	1
(二)	石　川	(真　正)	2	1	0
(右)	山　内	(北　方)	3	2	2
(投)	久　保	(美　山)	0	0	0
投	近　藤	(梅　林)	3	0	1
投	片　山	(輪之内)	0	0	0

振	球	犠	盗	失	併	残		打	安	点
3	10	0	4	1	1	10		32	10	8

投　手		回	安	責
蒲	(岩野田)	4	4	2
杉　本	(　島　)	⅔	1	4
永　縄	(稲　羽)	2⅓	2	0
山田陽	(高　富)	1	3	2
久　保	(美　山)	2	2	1
近　藤	(梅　林)	6⅔	4	2
片　山	(輪之内)	⅓	0	0

▽二塁打　藪本、臼井(山)岩付2、山内、笠原、山口(阜)▽暴投　蒲、杉本(山)
試合時間　2時間30分

岐阜総合＝3回から登板し、要所を締める好投をみせた近藤

岐山＝1回表 2死一塁、藪本の右中間二塁打で先制

2回戦

大垣北 7 - 3 池田

7月23日

大垣市北公園野球場

	1	2	3	4	5	6	7	8	9	計
池田	1	1	0	0	0	1	0	0	0	3
大垣北	2	2	0	2	1	0	0	0	×	7

大垣北 小刻みに追加点

【池田】

			打	安	点
(中)	粥川	(神戸)	1	0	0
中	宗宮	(揖東)	3	1	0
(二)	小野川	(星和)	1	1	0
走二	小畠	(大野)	3	0	0
(右)	坂下	(巣南)	1	1	0
走右	古川	(穂積)	2	0	0
投	林	(北和)	0	0	0
(捕)	高田	(西部)	4	0	0
(左)	鈴木	(穂積)	1	0	0
左右	小谷	(北和)	3	0	0
(一)	大川	(星和)	0	0	0
走	水谷	(西部)	0	0	0
一	山口	(神戸)	3	2	0
(遊)	後藤	(興文)	2	1	0
(三)	森	(池田)	2	1	1
打	森島	(大野)	1	0	0
三	山田	(西部)	1	1	0
(投)	瀬川	(西部)	1	0	0
打左	石田	(神戸)	2	1	0
左	竹中	(赤坂)	0	0	0
打	橋本	(西部)	1	0	0

振	球	犠	盗	失	併	残	打	安	点
5	4	2	8	3	0	8	32	9	1

【大垣北】

			打	安	点
(中)	田宮	(神戸)	5	2	2
(三)	馬淵	(神戸)	4	1	1
(一)投	竹村	(城南)	4	2	1
(左)	野田	(北和)	4	0	0
(遊)	久世	(星和)	4	1	1
(二)	大橋	(西部)	2	1	0
(投)	萩原	(西部)	3	2	1
一	成瀬	(池田)	0	0	0
(捕)	山田	(神戸)	3	0	0
(右)	和藤	(神戸)	3	1	0

振	球	犠	盗	失	併	残	打	安	点
8	3	3	1	0	1	7	32	10	6

投手		回	安	責
瀬川	(西部)	4	8	3
林	(北和)	4	2	1
萩原	(西部)	$6\frac{2}{3}$	7	3
竹村	(城南)	$2\frac{1}{3}$	2	0

▽二塁打　馬淵、和藤、竹村(大)▽暴投　林２（池）萩原（大）
試合時間　２時間23分

大垣北＝4回裏 無死二、三塁、中前適時打を放つ田宮

池田＝7回表 2死三塁、暴投の隙に生還した宗宮を迎えるベンチ

大垣北＝1回裏 2死二塁、適時内野安打を放つ久世

池田＝1回表 2死一、三塁、一走高田の盗塁の隙にヘッドスライディングで本塁を陥れた小畠

大垣北＝2番手で登板した竹村

2回戦

7 - 6
麗澤瑞浪 多治見工
7月23日
KYBスタジアム

	1	2	3	4	5	6	7	8	9	計
多治見工	1	0	0	2	1	0	0	0	2	6
麗澤瑞浪	0	2	3	0	1	0	0	0	1×	7

打撃戦 5番松下がサヨナラ打

麗澤瑞浪＝9回裏 無死満塁、サヨナラ打を放った松下

麗澤瑞浪＝2回裏 2死一、二塁、2点適時三塁打を放ち塁上でガッツポーズする渡辺翼

多治見工＝9回表、土壇場で同点に追いついたシーン。2点適時打でホームを踏んだ若尾（左）と庭野

多治見工＝サヨナラ打を打たれマウンドを降りる釜倉

麗澤瑞浪＝戦況を見守るベンチ。打者は4番の梶

【多治見工】		打安点
(二)	尾関（陶都）	310
(左)	渡辺（西陵）	410
(遊)	水越（笠原）	512
(三)	丹羽（瑞浪）	511
(捕)	鈴木（肥田）	200
(右)	高井（北陵）	200
投	石川（西陵）	110
打	松岡（泉）	000
投	釜倉（笠原）	000
(一)	小木曽（北陵）	531
(中)	若尾（陶都）	210
(投)	岩井（南ケ丘）	100
打	吉田（小泉）	111
走右	山本（陶都）	100
打右	大鋸（泉）	100
打	庭野（濃南）	000
右	川地（瑞浪）	000

振球犠盗失併残
9 12 4 0 1 0 16　　33 10 5

【麗澤瑞浪】		打安点
(右)	吉田（神丘）	500
(二)	渡辺脩（愛知山王）	520
(三)	川本（東港）	431
(捕)	梶（森孝）	400
(左)一	松下（幡山）	542
(中)	山田（愛知大江）	300
(一)	星野（みよし南）	311
投	和下（羽中央）	000
(遊)	渡辺翼（愛知高浜）	212
(投)	山本（麗澤瑞浪）	000
打	南（西枇杷島）	100
投左	飼沼（扶桑）	200

振球犠盗失併残
3 6 1 1 1 1 10　　34 11 6

投手	回	安	責
岩井（南ケ丘）	3	6	4
石川（西陵）	4	3	1
釜倉（笠原）	1⅔	2	1
山本（麗澤瑞浪）	3	1	0
飼沼（扶桑）	4	6	3
和下（羽中央）	2	3	2

▽三塁打　渡辺翼、川本、松下、渡辺脩（麗）▽二塁打　丹羽、吉田、石川、小木曽（多）松下（麗）▽暴投　飼沼２（麗）▽捕逸　梶（麗）
試合時間　2時間47分

2回戦

5-4 岐阜聖徳 岐阜北

7月23日

大野レインボースタジアム

	1	2	3	4	5	6	7	8	9	計
岐阜北	0	0	0	1	0	2	0	0	1	4
岐阜聖徳	3	0	0	2	0	0	0	0	×	5

岐阜聖徳 逃げ切る

【岐阜北】

			打	安	点
(二)	佐野	(伊自良)	4	1	0
(捕)	加藤	(岩野田)	4	2	0
(三)	部田	(境川)	3	1	0
(左)	高橋	(笠松)	3	2	0
(右)	堀	(岐南)	4	0	1
(一)	林優	(梅林)	4	0	2
(中)	猪飼	(境川)	4	1	0
(投)	林壮	(緑陽)	4	1	0
(遊)	牧田	(那加)	4	0	0

振	球	犠	盗	失	併	残		打	安	点
12	7	1	2	1	0	11		34	8	3

【岐阜聖徳】

			打	安	点
(中)	牧野	(加納)	4	0	0
(左)右	前田	(羽島)	3	2	0
(遊)	山田	(岐阜西)	3	2	3
(右)	山角	(尾西第一)	4	0	0
投	橋本	(不破)	0	0	0
(一)	馬場	(江南北部)	3	0	0
(三)	立木	(大垣南)	4	2	1
(二)	西願	(池田)	4	0	0
(捕)	松倉	(羽島)	3	2	1
(投)	稲葉	(長良)	1	0	0
投	小山	(稲沢西)	1	0	0
左	渡辺	(羽島)	0	0	0

振	球	犠	盗	失	併	残		打	安	点
5	3	1	3	1	0	5		30	8	5

投手		回	安	責
林壮	(緑陽)	8	8	4
稲葉	(長良)	$5\frac{2}{3}$	3	1
小山	(稲沢西)	$2\frac{1}{3}$	4	0
橋本	(不破)	1	1	1

▽三塁打 前田（聖）▽二塁打 山田（聖）▽暴投 稲葉、小山（聖）
試合時間 2時間11分

岐阜聖徳＝4回裏 2死二、三塁、山田が2点適時二塁打を放つ

岐阜北＝粘りのピッチングを見せた林壮

岐阜聖徳＝9回表 1死満塁、逆転の走者を出し、マウンドに集まるナイン

岐阜聖徳＝先発のエース稲葉

岐阜北＝6回表 1死満塁、林優の打撃が敵失を誘い1点を返す

2回戦

12-5

富田 岐阜

7月23日

大野レインボースタジアム

	1	2	3	4	5	6	7	計
岐阜	1	1	1	2	0	0	0	5
富田	0	5	0	0	1	4	2×	12

（7回コールド）

富田 猛攻7回コールド

富田＝6回裏 無死一、二塁、篠田が3ラン

富田＝完投のエース長屋

岐阜＝1回表 1死満塁、横川の先制犠飛

岐阜＝4回表 2死一、三塁、仙石が右越え2点適時三塁打を放ち、同点に

富田＝3回表の守り、右翼手西村が好守

【岐　阜】		打安点
(遊) 古　田	(陽　南)	4 1 1
(左) 橋　本	(神　戸)	2 1 0
(三) 福　田	(羽中央)	2 0 0
(右) 仙　石	(稲　羽)	2 2 2
(一) 横　川	(青　山)	3 1 1
(中) 井　藤	(梅　林)	4 2 0
(捕) 長　屋	(加　納)	4 2 0
(投) 後　藤	(美　山)	2 0 0
投 堀　部	(美加東)	0 0 0
投 久保田	(緑　陽)	1 0 0
(二) 日比野	(各中央)	3 0 0
振球犠盗失併残		
3 7 2 1 0 2 10		27 9 4

【富　田】		打安点
(遊) 山　田	(下有知)	5 3 2
(三) 横　山	(那　加)	4 3 2
(一) 蒲	(長　森)	2 0 0
(投) 長　屋	(岩野田)	3 2 1
(二) 宮　川	(岩　崎)	3 1 1
(捕) 貫　田	(愛知中部)	3 1 1
(右) 西　村	(高　富)	2 0 1
(左)中 安　藤	(美加西)	3 1 0
(中) 舟　橋	(味　岡)	0 0 0
左 篠　田	(那　加)	4 3 4
振球犠盗失併残		
5 10 1 1 1 0 9		29 14 12

投　手		回	安責
後　藤	(美　山)	5	7 6
堀　部	(美加東)	$\frac{0}{3}$	4 4
久保田	(緑　陽)	$1\frac{1}{3}$	3 2
長　屋	(岩野田)	7	9 4

▽本塁打　篠田（富）▽三塁打　仙石（岐）▽二塁打　古田、橋本（岐）▽暴投　長屋（富）

試合時間　2時間16分

2回戦

市岐阜商 10-0 各務原

7月23日

長良川球場

	1	2	3	4	5	6	計
各務原	0	0	0	0	0	0	0
市岐阜商	1	1	0	1	3	4×	10

（6回コールド）

市岐阜商 6回コールド

市岐阜商＝6回裏 無死満塁、走者一掃の適時三塁打を放つ尾口

【各務原】

	選手	出身	打	安	点
(二)	兼松	東長良	2	0	0
(遊)	吉原	桜ケ丘	3	0	0
(三)	高木	小金田	3	1	0
(右)	武藤	緑陽	3	1	0
(投)	神保	小金田	2	0	0
投	桂川	那加	1	0	0
投	奥村	蘇原	0	0	0
(捕)	清水	那加	2	0	0
(一)	坂井	長森	2	0	0
(中)	寺村	桜ケ丘	2	1	0
(左)	村松	各中央	2	0	0

振	球	犠	盗	失	併	残	打	安	点
4	1	0	0	3	1	5	22	3	0

【市岐阜商】

	選手	出身	打	安	点
(二)	高木	大和	3	1	0
(中)	森	青山	3	1	0
(左)一	佐藤	島	2	1	1
(一)	宮川	大野	2	0	0
投	深津	中部	0	0	0
打	長屋	大野	1	1	0
(右)	尾口	桜ケ丘	3	2	3
(捕)	福田	古川	3	1	1
(遊)	寺田	大垣西	3	2	1
(投)左	林	神戸	1	1	2
(三)	平塚	青山	3	3	2

振	球	犠	盗	失	併	残	打	安	点
0	6	4	8	1	0	9	24	13	10

投手	出身	回	安	責
神保	小金田	$4\frac{1}{3}$	8	3
桂川	那加	$\frac{2}{3}$	2	2
奥村	蘇原	$\frac{0}{3}$	3	2
林	神戸	5	2	0
深津	中部	1	1	0

▽三塁打　林、尾口（市）

▽二塁打　寺村（各）高木（市）

試合時間　1時間25分

市岐阜商＝1回裏 1死三塁、佐藤の内野安打で先制

各務原＝グラウンドへ駆け出すナイン

市岐阜商＝先発した林

各務原＝2回表 2死、二塁打を放ち気を吐いた寺村

	1	2	3	4	5	6	7	8	9	10	11	計
大垣西	0	0	4	0	0	0	0	0	0	0	0	4
大垣養老	3	0	0	0	0	0	0	1	0	0	1×	5

（延長11回、10回からタイブレーク）

大垣養老 タイブレーク制す

2回戦

5 - 4

大垣養老　大垣西

7月23日

大垣市北公園野球場

大垣養老＝延長11回裏 無死一、二塁で国枝が放ったサヨナラ右前適時打で生還した中村泰。捕手今西

大垣養老＝延長11回裏 タイブレークの無死一、二塁、サヨナラ打となる右前適時打を放つ国枝

大垣西＝3回表 2死一、二塁、逆転の2点適時三塁打を放ち、仲間のベンチに向かって雄たけびを上げる久世

大垣養老＝8回1/3を投げ、無失点で切り抜けた2番手木村

大垣西＝3回表 無死二塁、反撃の口火を切る右への適時三塁打を放つ北沢

【大垣西】

	選手	出身	打	安	点
(左)	森島	(輪之内)	1	1	0
左	北沢	(赤坂)	5	1	1
(右)	作田	(不破)	1	0	0
右	広瀬	(不破)	0	0	0
二	高木	(垂井北)	4	1	1
(遊)	小山	(赤坂)	5	2	0
(中)	松岡勇	(池田)	4	1	0
(捕)	今西	(池田)	5	1	0
(二)	草野	(城南)	1	0	0
右	久世	(不破)	4	2	2
(三)	松井	(揖東)	2	1	0
(一)	松岡航	(垂井北)	2	0	0
一	日比	(赤坂)	3	0	0
走一	日比野	(赤坂)	0	0	0
	渋谷	(高田)	0	0	0
(投)	大石	(星和)	2	1	0
打	五十川	(神戸)	1	0	0
投	長岡	(池田)	2	0	0

振	球	犠	盗	失	併	残	打	安	点
9	3	1	0	0	1	13	42	11	4

【大垣養老】

	選手	出身	打	安	点
(遊)	中村泰	(大垣西)	4	1	0
(三)	萩野	(養東部)	3	0	0
(投)右	国枝	(江並)	5	3	2
(右)一	松浦	(高田)	3	2	3
(一)二	河村	(日新)	3	0	0
(中)	栗田	(養東部)	3	0	0
打	竹下	(大垣南)	1	0	0
中	原田	(巣南)	0	0	0
(捕)	菱田	(養東部)	4	0	0
(左)	中村凪	(大垣南)	2	0	0
(二)	伊藤真	(興文)	1	0	0
投	木村	(大垣東)	2	0	0

振	球	犠	盗	失	併	残	打	安	点
7	5	3	0	1	1	8	31	6	5

投手		回	安	責
大石	(星和)	5	3	3
長岡	(池田)	5 0/3	3	2
国枝	(江並)	2 2/3	6	4
木村	(大垣東)	8 1/3	5	0

▽三塁打　北沢、久世（西）
▽二塁打　大石、小山、松岡勇（西）国枝、松浦（養）
試合時間　2時間34分

2回戦

16－2 岐阜工 岐阜東

7月23日

大野レインボースタジアム

	1	2	3	4	5	6	計
岐阜工	3	3	0	2	3	5	16
岐阜東	2	0	0	0	0	2	2

（6回コールド）

岐阜工 16安打16点大勝

岐阜工＝4回表 2死一塁、右翼越えに中押し2ランを放った尾崎（中央）

【岐阜工】

	選手（出身中学）	打	安	点
(三)	奥村（稲羽）	5	3	2
(遊)二	岡田（東安）	5	3	3
(左)	畑野（各中央）	2	1	2
投	石原（岐阜西）	0	0	0
捕	山下（宮）	3	1	1
(一)	豊田（穂積）	2	0	0
(投)中	尾崎（岐南）	4	2	3
(中)左	林（竹鼻）	4	2	3
(右)	吉川（桑原学園）	3	2	0
打右	安田（梅林）	1	0	0
(捕)	真鍋（小金田）	2	0	0
投	金子（大和）	1	0	0
打	長広（笠松）	0	0	0
投	柴田（境川）	0	0	0
(二)	森（高田）	1	1	0
遊	古川（高富）	1	1	0

振球犠盗失併残
8811019　　341614

【岐阜東】

	選手（出身中学）	打	安	点
(三)	野村（東長良）	3	0	0
(捕)	竹中（東長良）	1	0	0
(中)	鷲見（高富）	1	0	0
(遊)	藤吉（三輪）	2	1	1
(一)	又賀（羽島）	3	0	0
(二)	井上（陽南）	3	2	0
(右)投	田村（陽南）	2	0	0
(投)右	平田（桜丘）	2	0	0
(左)	吉仲（精華）	2	0	0

振球犠盗失併残
5810308　　1931

投手	回	安	責
尾崎（岐南）	$1\frac{2}{3}$	1	1
石原（岐阜西）	$\frac{1}{3}$	0	0
金子（大和）	3	2	0
柴田（境川）	1	0	0
平田（桜丘）	4	9	8
田村（陽南）	2	7	7

▽本塁打　尾崎（工）▽三塁打　岡田、林（工）▽暴投　尾崎1（工）平田3、田村2（東）▽守備妨害　尾崎（工）
試合時間　2時間7分

岐阜工＝6回表 無死一、三塁、中越え2点適時三塁打を放つ岡田

岐阜東＝6回表 一塁手又賀が一ゴロの尾崎を競争でアウトに

岐阜工＝3番手で投げ、好リリーフした金子

岐阜東＝1回裏 1死一、二塁、藤吉が1点を返すタイムリー

	1	2	3	4	5	計
武義	0	0	0	0	0	0
帝京大可児	5	5	2	0	×	12

（5回コールド）

2回戦

7月24日　KYBスタジアム

帝京大可児 12 - 0 武義

帝京大可児 投打で圧倒

帝京大可児＝1回裏 無死三塁、先制2ランを放ちダイヤモンドを回る森

武義＝2回裏 1死二塁、なおも続くピンチに2番手藤沢（左）からマウンドを引き継ぐ3番手の亀山

帝京大可児＝2回裏 1死二、三塁、犬塚が右中間への2点適時打を放つ

帝京大可児＝2回裏 無死、2打席連続の三塁打でチャンスメークした谷口智

武義＝試合終了後、整列するナイン

【武　義】			打安点
(遊)	高井琉稀	(下有知)	2 0 0
(右)	高井琉翔	(下有知)	2 0 0
(三)	長　島	(下有知)	2 0 0
(一)	長　尾	(双　葉)	2 0 0
(左)	野　島	(津保川)	2 0 0
(投)	稲　田	(小金田)	0 0 0
投	藤　沢	(高　富)	1 1 0
投	亀　山	(双　葉)	1 0 0
(捕)	北　村	(美　濃)	2 0 0
(中)	上　田	(下有知)	2 0 0
(二)	河　村	(双　葉)	0 0 0
振球犠盗失併残			
10 1 0 0 2 0 2			16 1 0

【帝京大可児】			打安点
(右)	谷口智	(篠　目)	4 3 0
(捕)	森	(瑞　浪)	2 2 3
(投)左	加　藤	(金　山)	3 2 3
左	大　坪	(知立南)	0 0 0
(三)一	山　本	(西　尾)	3 1 0
(一)	樋　笠	(八　風)	1 0 0
投	平　良	(陶　都)	0 0 0
(二)	高　橋	(西可児)	3 1 1
(中)	犬　塚	(西尾東部)	2 1 2
中	内　木	(美加東)	0 0 0
(左)	田　中	(城　南)	2 1 0
三	長谷川	(蘇　南)	1 0 0
(遊)	磯　部	(清　州)	1 0 0
打	岩　本	(愛知城東)	1 0 0
遊	小　出	(陶　都)	0 0 0
打	浅　野	(御幸山)	1 0 0
遊	中　妻	(篠　岡)	0 0 0
振球犠盗失併残			
1 4 0 2 0 0 4			24 11 9

投　手		回	安責
稲　田	(小金田)	$\frac{2}{3}$	4 2
藤　沢	(高　富)	$\frac{2}{3}$	5 5
亀　山	(双　葉)	$2\frac{2}{3}$	2 2
加　藤	(金　山)	3	1 0
平　良	(陶　都)	2	0 0

▽本塁打　森（帝）▽三塁打　谷口智2、加藤（帝）▽二塁打　森、犬塚（帝）▽暴投　稲田、亀山（武）加藤（帝）▽捕逸　北村（武）
試合時間　1時間23分

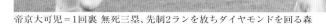

2回戦

4-1
長良 岐阜農林
7月24日
長良川球場

	1	2	3	4	5	6	7	8	9	計
岐阜農林	0	0	0	0	1	0	0	0	0	1
長良	2	0	0	0	0	1	0	1	×	4

長良 投手戦制す

【岐阜農林】		打	安	点
(左)	葛野(巣南)	4	2	0
(二)	小国(美山)	3	0	0
(中)	井上(岐北)	4	0	0
(投)三	小倉(北方)	3	0	0
(三)投	馬渕(巣南)	4	0	0
(捕)	箕輪(三輪)	1	0	0
打	工藤(島)	1	0	0
(右)	熊崎(岩野田)	1	0	0
打	日置(高富)	1	0	0
(一)	杉山(揖東)	3	1	0
(遊)	荒川(長森)	2	1	1

振球犠盗失併残
5432216　27 4 1

【長良】		打	安	点
(中)	岩松(岐大付)	3	1	0
(三)	大堀(伊自良)	2	1	0
(捕)	高橋(北方)	4	1	1
(左)	古田(梅林)	3	0	0
左	志岐(巣南)	0	0	0
(右)	小西(日枝)	3	2	2
(遊)	波多野(北方)	4	2	1
(二)	鷲見(高富)	4	0	0
(一)	洞口(東長良)	3	0	0
(投)	西山(厚見)	3	0	0

振球犠盗失併残
5323206　29 7 4

投手	回	安	責
小倉(北方)	6 0/3	5	3
馬渕(巣南)	2	2	1
西山(厚見)	9	4	1

▽本塁打　小西（長）▽二塁打　荒川(岐)小西（長）▽暴投　小倉（岐）
試合時間　2時間

長良＝9回表、帽子を飛ばして力投する主戦西山

岐阜農林＝グラウンドへ駆け出すナイン

長良＝6回裏1死、ソロ本塁打で本塁を踏む小西

長良＝1回裏1死三塁、左前に先制適時打を放つ高橋

岐阜農林＝先発した主戦小倉

2回戦

12 - 0

大垣日大 大垣工

7月24日

大垣市北公園野球場

	1	2	3	4	5	計
大垣日大	3	4	4	0	1	12
大垣工	0	0	0	0	0	0

（5回コールド）

大垣日大 猛打で圧倒

大垣日大＝3回表 2死満塁、コールド勝ちを手繰り寄せる満塁本塁打を放った柄沢

大垣日大＝2回表 無死三塁、前打者の木原に続き適時三塁打を放つ久場

大垣工＝4回表 大垣日大の攻撃を三者凡退で打ち取ったナインをたたえるベンチ

大垣工＝1回と4回に安打を放ち、意地をみせた先頭打者の瀬古

大垣日大＝1回表 無死満塁、チームを勢いづける2点適時二塁打を放つ林晴

【大垣日大】

			打	安	点
㈡	木原	（有松）	2	2	1
㈥	久場	（静岡・金岡）	2	1	1
㈹	清水	（春日井西部）	3	2	2
㈨	柄沢	（愛知・志賀）	3	1	4
㈤	林晴	（池田）	2	1	3
打左	林透	（松阪西）	1	0	0
㈸	権田	（豊川一宮）	2	0	0
投	山本	（愛知・上野）	0	0	0
投	酒井	（岐北）	0	0	0
㈠	田辺	（坂祝）	3	0	0
一	橋本	（福井・高浜）	0	0	0
㈢	加藤	（今伊勢）	3	1	0
三	角田	（愛知・東郷）	0	0	0
㈱	山口	（千郷）	2	1	0

振球犠盗失併残
3903105　23911

【大垣工】

			打	安	点
㈢	瀬古	（岐阜西）	2	2	0
㈡	辻	（神戸）	2	0	0
㈸左	松村	（真正）	2	0	0
㈠	屋敷	（赤坂）	2	0	0
㈨投	川端	（大野）	2	0	0
走	高木	（不破）	0	0	0
㈱	細野	（神戸）	2	0	0
㈥	人倉	（城南）	2	0	0
㈤	高橋拓都	（大垣南）	0	0	0
投	平井	（揖斐川）	0	0	0
右	高橋拓見	（北和）	1	0	0
打	沢井	（鶉沼）	1	0	0
㈹	野崎	（境川）	1	0	0

振球犠盗失併残
7000012　1720

投手		回	安	責
権田	（豊川一宮）	2⅓	1	0
山本	（愛知・上野）	1⅔	1	0
酒井	（岐北）	1	0	0
松村	（真正）	1 0/3	5	6
平井	（揖斐川）	1 0/3	1	3
川端	（大野）	3	3	2

▽本塁打　柄沢（日）▽三塁打　木原、久場（日）▽二塁打　林晴、加藤（日）▽ボーク　松村（工）▽捕逸　清水（日）野崎（工）
試合時間　1時間26分

2回戦

17-1 中京 多治見

7月24日

土岐市総合公園野球場

	1	2	3	4	5	計
中京	2	8	0	3	4	17
多治見	0	0	1	0	0	1

(5回コールド)

中京打線爆発 17点

【中　京】　打安点
(中)　滝　野(江井島)4 3 2
走　金　田(水　口)0 0 0
中　中　本(愛知・宮)0 0 0
(二)遊畠　中(恵那東)3 0 0
(遊)左　元　(平　和)1 1 2
(三)投小　田(四　谷)4 3 2
(捕)　渡　辺(蘇　南)3 1 2
(一)　金　城(高江洲)3 2 2
二　魚　川(亰良・三郷)1 1 3
(右)　猿　渡(旭ケ丘)2 1 0
右　中　村(南大沢)1 1 1
(左)　吉　田(那　加)2 1 2
打一三
　田　口(長野・川上)2 1 0
(投)　加　藤(小　泉)2 1 1
投　伊　藤(養　精)0 0 0
打　岩　木(小野南)1 0 0
投　古　山(蘇　南)0 0 0
打　戸　塚(石　切)1 0 0
投　小　谷(沖縄・神原)0 0 0
一　二　郷(瑞　浪)0 0 0
振球犠盗失併残
1 5 1 6 0 0 4　301617

【多治見】　打安点
(二)投二
　加　納(小　泉)3 0 0
(右)中深　萱(　泉　)2 1 0
(左)　籠　橋(瑞　浪)2 1 0
(一)　都　築(西　陵)1 0 0
(中)投松　島(瑞　浪)2 0 1
(三)　永　井(多治見)1 0 0
(遊)　上　木(　泉　)2 0 0
(投)　林　晃(小　泉)0 0 0
捕　小　栗(日　吉)0 0 0
二右千　村(陶　都)1 0 0
(捕)投捕
　渡　辺(　泉　)2 0 0
振球犠盗失併残
4 7 0 0 1 0 7　16 2 1

投　手　回　安責
加　藤(小　泉)2 $\frac{1}{3}$　2 1
伊　藤(養　精)$\frac{2}{3}$　0 0
古　山(蘇　南)1　0 0
小　谷(沖縄・神原)$\frac{2}{3}$　0 0
小　田(四　谷)$\frac{1}{3}$　0 0

林　晃(小　泉)1 $\frac{0}{3}$　7 8
渡　辺(　泉　)2 $\frac{1}{3}$　5 5
加　納(小　泉)1 $\frac{1}{3}$　4 4
松　島(瑞　浪)$\frac{1}{3}$　0 0

▽本塁打　元、滝野、魚川(中)▽三塁打　吉田(中)▽二塁打　小田(中)▽暴投　渡辺(多)
試合時間　1時間55分

中京＝1回表 1死三塁、右越え2ランを放つ元

中京＝4回表 無死二塁、中前適時打を放つ渡辺

多治見＝1回裏 1死2塁、チャンスを広げる右前打を放つ籠橋

中京＝2回表 無死二、三塁、中越え2点適時三塁打を放つ吉田

多治見＝3回裏 1死満塁、押し出し四球を選び一塁へ向かう松島

2回戦

8 - 1
関　可児工
7月24日
土岐市総合公園野球場

	1	2	3	4	5	6	7	計
可児工	0	0	0	0	1	0	0	1
関	0	0	1	2	3	1	1×	8

（7回コールド）

関 中盤以降に突き放す

関＝3回裏 1死三塁、先制の中前適時打を放つ杉本

可児工＝5回裏 2死三塁、三遊間の深い位置から懸命に送球する和田

関＝7回表 1死満塁、マウンドに集まる内野陣

可児工＝4回表 1死一塁、チャンスを広げる右前打を放ちガッツポーズする坂井田

可児工＝2回裏 無死一塁、犠打を処理する小林

【可児工】			打	安	点
(二)	津田	(八百津)	3	0	0
(中)	丸田	(向陽)	3	0	0
(左)	萬谷	(東可児)	3	0	0
(三)	武市	(川辺)	3	1	0
(右)投右投	坂井田	(鵜沼)	3	1	0
(捕)	小林	(美加西)	3	2	0
(一)	河村	(川辺)	3	2	0
走	中根誓	(蘇南)	0	0	0
一	三品	(美加西)	0	0	0
(投)	石神	(中部)	1	0	0
投	中根涼	(陶都)	0	0	0
右	堀部	(双葉)	1	0	0
投	土居	(中部)	0	0	0
投右	坂上	(南姫)	0	0	0
(遊)	和田	(鵜沼)	3	2	1

振球犠盗失併残
3 1 1 0 2 0 6　26 8 1

【関】			打	安	点
(右)	和田	(坂祝)	3	1	1
(二)	杉本	(桜ケ丘)	3	1	2
(三)	古田	(旭ケ丘)	3	1	0
打三	吉田	(桜ケ丘)	1	0	0
(一)	奥田	(桜ケ丘)	3	1	1
(中)	荒川	(高鷲)	2	1	1
(遊)	渡辺	(旭ケ丘)	2	1	0
(捕)	川原	(美濃)	2	0	0
(左)	藤井	(旭ケ丘)	3	1	1
左	若狭	(旭ケ丘)	0	0	0
(投)	中島	(桜ケ丘)	4	2	1

振球犠盗失併残
7 7 3 1 0 2 9　26 9 7

投手		回	安	責
石神	(中部)	$3\frac{2}{3}$	4	2
中根涼	(陶都)	$\frac{1}{3}$	2	2
坂井田	(鵜沼)	2	2	1
土居	(中部)	$\frac{0}{3}$	0	1
坂上	(南姫)	$\frac{1}{3}$	0	0
坂井田	(鵜沼)	$\frac{0}{3}$	1	0
中島	(桜ケ丘)	7	8	1

▽三塁打　渡辺（関）▽二塁打　和田（可）奥田、荒川（関）▽暴投　石神（可）▽捕逸　小林（可）
試合時間　1時間55分

3回戦

15 - 5

東濃実　土岐商

7月24日

KYBスタジアム

	1	2	3	4	5	計
土岐商	4	0	0	0	1	5
東濃実	1	0	4	3	7×	15

（5回コールド）

東濃実　16安打15点

東濃実＝3回裏 2死二塁、勝ち越し打を放ち、三塁上でガッツポーズする西田

【土岐商】

守備	選手	出身	打安点
(二)	山　田	(西　陵)	210
(遊)	中　島	(笠　原)	200
(中)	伊佐地	(西　陵)	211
(捕)	市　岡	(中津二)	321
(右)	木　村	(瑞　陵)	221
(三)	大　橋	(西　陵)	202
(左)	野　村	(平　和)	300
左	小　島	(平　和)	000
(一)	深　萱	(　泉　)	200
(投)	各　務	(笠　原)	100
打	有　賀	(瑞　陵)	100
投	渡　辺	(北　陵)	000
投	加　藤	(　泉　)	000

振球犠盗失併残
６３２１３０５　　2065

【東濃実】

守備	選手	出身	打安点
(中)	林　優	(美加西)	420
(遊)	勝　野	(広　陵)	411
(三)	竹　腰	(白　川)	431
(左)	所	(八東部)	322
(一)	大　岩	(白　川)	332
(二)	福井蓮	(美加東)	102
(右)	多和田	(蘇　南)	325
(投)	西　田	(西可児)	321
(捕)	大　霜	(八百津)	411

振球犠盗失併残
２４３２３１８　　291615

投手	出身	回	安責
各　務	(笠　原)	3	61
渡　辺	(北　陵)	1/3	32
加　藤	(　泉　)	1 0/3	76
西　田	(西可児)	5	64

▽三塁打　木村（土）西田（東）▽二塁打　市岡（土）多和田２、大岩、竹腰（東）▽暴投　西田（東）
試合時間　１時間57分

東濃実＝戦況を見守るベンチとスタンドの保護者

土岐商＝1回表 1死二塁、山田が先制のホームイン

土岐商＝先発の各務

東濃実＝3回裏 2死一、二塁、同点となる2点適時二塁打を放ちガッツポーズする多和田

3回戦

9-1

岐阜各務野 大垣商

7月24日

長良川球場

	1	2	3	4	5	6	7	8	計
岐阜各務野	5	0	1	0	0	0	0	3	9
大垣商	0	0	0	1	0	0	0	0	1

（8回コールド）

岐阜各務野 初回に一気

岐阜各務野＝1回表 2死満塁、中前へ先制2点適時打を放つ鵜飼

岐阜各務野＝8回表 1死一、二塁、適時二塁打を放つ松原

大垣商＝敗退に涙を流すナイン

岐阜各務野＝先発した小西

大垣商＝1回裏 2死一塁、田中克の二塁打で一走水野曉が本塁を目指すがタッチアウト。捕手は青木

【岐阜各務野】			打	安	点
㈥	丸山	（境川）	5	1	0
㈡	木村	（羽島）	4	2	0
㈠	松原	（鵜沼）	5	2	1
㈲	白木	（岐北）	5	1	2
(遊)	出口	（美加西）	3	1	0
㈢	鵜飼	（瑞陵）	3	1	2
㈶	玉田	（桜ケ丘）	5	3	1
(捕)	青木	（川島）	4	2	1
(投)	小西	（緑ケ丘）	1	0	1
打	今中	（陽南）	0	0	0
走	石井	（青山）	0	0	0
投	北村	（下有知）	0	0	0

振球犠盗失併残
０６２１１０10　　35１3８

【大垣商】			打	安	点
(投)二投	水野塁	（揖斐川）	4	0	0
㈢二	水野曉	（不破）	3	2	0
㈶	岩崎	（池田）	3	0	0
(遊)	田中克	（不破）	2	1	1
㈠	田中亮	（大垣西）	3	0	0
㈲	古田	（揖斐川）	3	1	0
㈥	貞光	（不破）	2	1	0
(捕)	大橋	（城南）	1	0	0
捕	下野	（東安）	1	0	0
打	柴田	（笠松）	1	1	0
㈡	内田	（不破）	0	0	0
投	早野	（大垣東）	1	0	0
打	池田	（神戸）	1	0	0
投	岩田	（岐北）	0	0	0
三	伊藤	（城南）	1	0	0

振球犠盗失併残
５１３０３３５　　26６１

投手		回	安	責
小西	（緑ケ丘）	7	4	0
北村	（下有知）	1	2	0
水野塁	（揖斐川）	1	4	0
早野	（大垣東）	4	6	1
岩田	（岐北）	2 1/3	3	3
水野塁	（揖斐川）	2/3	0	0

▽二塁打　松原（岐）田中克（大）▽暴投　北村（岐）岩田（大）
試合時間　１時間55分

3回戦

5-4 美濃加茂 中津商

7月24日

大垣市北公園野球場

	1	2	3	4	5	6	7	8	9	計
美濃加茂	0	0	3	0	0	0	0	0	2	5
中津商	0	0	0	0	0	1	3	0	0	4

美濃加茂 土壇場に逆転

美濃加茂＝9回表 2死一、二塁で決勝点となる三塁強襲の勝ち越し適時打を放つ藤村

中津商＝9回表 2死一、二塁、本塁を狙う二走の細江を、左翼小池の好返球でタッチアウトする捕手小木曽

【美濃加茂】		打安点
(左) 吉田友	(江　並)	5 3 0
(三) 石　神	(坂　祝)	3 1 0
(捕) 守　屋	(美加東)	5 0 0
(中)投水　野	(豊　山)	4 2 1
(右) 細　江	(下　呂)	4 1 0
(遊) 藤　村	(美加西)	3 2 2
(二) 平　田	(緑ケ丘)	5 2 1
(一) 林　龍	(東長良)	0 0 0
打 種　倉	(笈　瀬)	1 0 0
一 木　辺	(坂　祝)	1 0 0
(投) 林　拓	(坂　祝)	0 0 0
打 長　尾	(各中央)	1 0 0
投 野　中	(八百津)	1 1 0
打 阿　部	(美加東)	1 0 0
投 日下部	(下　呂)	0 0 0
投 村　瀬	(蘇　南)	0 0 0
打中鷲　見	(黒　川)	1 0 0
振球犠盗失併残		
3 6 2 2 1 2 11		35 12 4

【中津商】		打安点
(遊) 市　川	(恵那西)	4 2 0
(中) 金　子	(恵那東)	3 2 0
(左) 伊　藤	(恵那西)	3 0 0
左 樋　田	(恵那北)	1 0 0
投 中　山	(坂　本)	1 0 0
(三) 吉　村	(中津二)	5 3 2
(捕) 小木曽	(中津二)	4 1 0
(一) 塩　見	(付　知)	2 1 0
走一 原	(恵那東)	2 1 1
(右) 林	(坂　本)	4 1 0
(投) 矢　頭	(岩　邑)	1 1 0
投 森　本	(中津二)	1 0 0
打 栢　植	(岩　邑)	1 0 0
投 芦　原	(落　合)	1 0 0
左 小　池	(恵那北)	0 0 0
(二) 田　口	(坂　下)	3 1 0
振球犠盗失併残		
6 2 2 0 0 0 9		36 13 3

投手		回	安責
林　拓	(坂　祝)	1	2 0
野　中	(八百津)	4	4 0
日下部	(下　呂)	1 0/3	6 4
村　瀬	(蘇　南)	1	1 0
水　野	(豊　山)	2	0 0
矢　頭	(岩　邑)	3	5 3
森　本	(中津二)	3	3 0
芦　原	(落　合)	2 1/3	2 2
中　山	(坂　本)	2/3	2 0

▽二塁打　金子（中）▽暴投　日下部2（美）
試合時間　2時間52分

中津商＝7回裏 1死二、三塁で中前に逆転の2点適時打を放つ吉村

中津商＝7回裏 無死一、二塁、気迫のヘッドスライディングで内野安打となり、チャンスを広げる金子

美濃加茂－9回表 藤村の適時打で勝ち越しの走者として生還した石神

	1	2	3	4	5	6	7	8	計
高山西	0	0	1	1	0	1	1	0	4
岐阜総合	0	2	0	1	0	5	0	3×	11

（8回コールド）

岐阜総合 11点コールド

3回戦

11-4
岐阜総合 高山西
7月24日
大野レインボースタジアム

【高山西】

			打	安	点
(左)	細江	(下呂)	4	0	0
(中)	三枝	(東山)	2	1	0
(捕)	堀之上	(古川)	4	2	1
(二)	森本	(古川)	4	1	1
(一)	岩田	(日枝)	4	0	0
(右)	形部	(萩原南)	4	1	0
(三)	山越	(宮)	2	0	0
(投)	中屋	(古川)	3	1	1
(遊)	船坂	(国府)	3	1	1

振球犠盗失併残
4513418　30 7 4

【岐阜総合】

			打	安	点
(右)	山内	(北方)	4	0	0
(二)	石川	(真正)	4	2	2
(中)	飯沼	(蘇原)	4	0	0
(左)	岩付	(精華)	4	2	1
(一)	山口	(岐阜西)	5	1	0
(捕)	古川	(城南)	3	3	3
(三)	西村	(岐中央)	3	1	0
(遊)	中嶋	(三輪)	3	2	0
(投)	市橋	(竹鼻)	1	0	0
打	笠原	(東長良)	1	0	0
投	松原	(島)	1	1	1

振球犠盗失併残
3722108　33 12 7

投手		回	安	責
中屋	(古川)	$7\frac{2}{3}$	12	5
市橋	(竹鼻)	4	4	2
松原	(島)	4	3	2

▽本塁打　岩付（岐）▽二塁打　堀之上、中屋（高）古川、石川（岐）▽捕逸　堀之上（高）
試合時間　2時間18分

岐阜総合＝6回裏 1死満塁、5点目となるタイムリーを放つ石川

岐阜総合＝8回表 松原が3者連続三振を奪い捕手古川とグータッチ

高山西＝6回表 2死一塁、同点のホームに生還する一走山越

高山西＝6回表 2死一塁、中屋が右越えに同点の適時二塁打を放つ

岐阜総合＝2回裏 無死、先制本塁打を放ちホームインする岩付

3回戦

6-3

大垣北　岐阜城北

7月24日

長良川球場

	1	2	3	4	5	6	7	8	9	計
岐阜城北	0	0	0	0	0	1	1	1	0	3
大垣北	2	0	0	0	0	3	1	0	×	6

大垣北 波乗る投打

大垣北＝6回表 1死満塁のピンチを切り抜け、捕手山田とグラブタッチする主戦安藤透

【岐阜城北】		打安点
(右)	山口栞(高　富)	5 1 1
(遊)	森　本(羽　島)	5 2 0
(一)	宇　野(笠　松)	4 2 0
(三)	森　田(笠　松)	5 3 1
(左)	足　立(小金田)	3 0 1
(中)	加　藤(岐中央)	4 0 0
(二)	神　戸(平　田)	4 0 0
(捕)	田中伸(美　山)	4 0 0
(投)	安　江(旭ケ丘)	0 0 0
投	矢　野(笠　松)	0 0 0
打	伊　藤(三　輪)	1 0 0
投	谷　口(　島　)	0 0 0
打	川　島(岩野田)	1 0 0

振球犠盗失併残
7 3 1 1 2 0 10　　36 8 3

【大垣北】		打安点
(中)	田　宮(神　戸)	5 0 1
(三)	馬　淵(神　戸)	4 2 0
(一)	竹　村(城　南)	4 1 0
(左)	野　田(北　和)	3 1 1
(遊)	久　世(星　和)	4 3 1
(二)	大　橋(西　部)	3 1 0
(捕)	山　田(神　戸)	4 2 1
(投)	安藤透(巣　南)	4 1 1
(右)	和　藤(神　戸)	2 0 0
打	佐　野(池　田)	0 0 0
走	伊　藤(日　新)	0 0 0
右	藤　井(神　戸)	0 0 0

振球犠盗失併残
5 3 1 3 2 0 7　　33 11 5

投手	回	安責
安　江(旭ケ丘)	1 2/3	5 2
矢　野(笠　松)	4 1/3	5 1
谷　口(　島　)	2	1 1
安藤透(巣　南)	9	8 2

▽二塁打　竹村、久世(大)
▽暴投　安江（岐）▽捕逸　山田（大）
試合時間　2時間9分

大垣北＝1回裏 2死満塁、適時内野安打を放つ山田

岐阜城北＝8回表 無死二、三塁、右犠飛を放つ足立

大垣北＝1回裏 2死三塁、先制の中前適時打を放つ野田

岐阜城北＝6回表 1死満塁、適時打を放つ森田

3回戦

3 - 2

岐阜聖徳　麗澤瑞浪

7月24日

KYBスタジアム

	1	2	3	4	5	6	7	8	9	計
麗澤瑞浪	1	0	0	1	0	0	0	0	0	2
岐阜聖徳	1	0	0	0	0	1	0	1	×	3

岐阜聖徳　接戦制す

岐阜聖徳＝力強い投球でピンチを切り抜け勝利へ導いた稲葉

麗澤瑞浪＝9回表 2死一塁、右飛となった打球の行方を悔しそうに見送る最後の打者・梶

岐阜聖徳＝7回表 2死満塁、ピンチをしのぎ、盛り上がるベンチ

岐阜聖徳＝6回裏 2死三塁、前田が同点打を放つ

麗澤瑞浪＝4回から2番手として登板し、力投した主戦・飼沼

【麗澤瑞浪】			打	安	点
(右)	吉田	(神丘)	5	0	0
(二)	渡辺脩	(愛知山王)	4	0	0
(三)	川本	(東港)	4	2	1
(捕)	梶	(森孝)	5	2	0
(左)一	松下	(幡山)	2	0	0
(中)	山田	(愛知大江)	4	1	0
(一)	星野	(みよし南)	2	0	0
打左	六浦	(愛知西春)	1	0	0
(遊)	渡辺翼	(愛知高浜)	3	1	1
(投)	山本	(麗澤瑞浪)	1	0	0
打	小泉	(麗澤瑞浪)	1	0	0
投	飼沼	(扶桑)	2	0	0

振	球	犠	盗	失	併	残		打	安	点
8	6	0	0	0	0	11		34	6	2

【岐阜聖徳】			打	安	点
(中)	牧野	(加納)	4	1	0
(左)	前田	(羽島)	4	2	2
(遊)	山田	(岐阜西)	3	0	1
(右)	山角	(尾西一)	3	0	0
(一)	馬場	(江南北部)	3	1	0
(捕)	松倉	(羽島)	3	1	0
(三)	立木	(大垣南)	3	0	0
(二)	西願	(池田)	2	2	0
走	栗本啓	(緑ケ丘)	0	0	0
投	小山	(稲沢西)	0	0	0
投	稲葉	(長良)	1	1	0
(投)	橋本	(不破)	1	0	0
打二	松岡	(池田)	0	0	0

振	球	犠	盗	失	併	残		打	安	点
6	0	2	1	1	0	2		27	8	3

投手		回	安	責
山本	(麗澤瑞浪)	3	3	1
飼沼	(扶桑)	5	5	2
橋本	(不破)	6	5	1
小山	(稲沢西)	2/3	1	0
稲葉	(長良)	2 1/3	0	0

▽二塁打　梶（麗）牧野（岐）
▽暴投　稲葉（岐）
試合時間　1時間59分

3回戦

13-2 7月24日

市岐阜商　加茂農林

大野レインボースタジアム

	1	2	3	4	5	計
加茂農林	0	0	2	0	0	2
市岐阜商	3	0	5	5	×	13

（5回コールド）

市岐阜商 長打攻勢

【加茂農林】			打安点
(中)	丹羽	(共和)	220
(右)投	加藤	(金山)	100
(投)右	三浦	(坂祝)	200
(捕)	西之原	(小泉)	210
(三)	藤井	(共和)	200
(一)	国江	(土岐津)	200
(遊)	柘植	(白川)	210
(左)	沢	(緑ケ丘)	100
左	吉田	(桜ケ丘)	100
(二)	永瀬	(蘇原)	100
打	日下部	(美加東)	100

振球犠盗失併残
4100201　1740

【市岐阜商】			打安点
(二)	高木	(大和)	300
(中)	森	(青山)	320
(左)	佐藤	(島)	221
(一)	宮川	(大野)	322
走	徳永	(那加)	000
一	山根	(江南西部)	000
(投)右	尾口	(桜ケ丘)	322
(捕)	福田	(古川)	213
捕	篠田	(巣南)	000
(遊)	寺田	(大垣西)	200
打	近松	(鷹来)	110
走遊	長屋	(大野)	000
(右)	小島	(川島)	210
走	谷口	(垂井北)	000
投	深津	(中部)	000
打	高橋	(大野)	100
投	釜屋	(東山)	000
投	神部	(境川)	000
(三)	平塚	(青山)	211
打	盛迫	(羽中央)	112
走	野田	(岐清流)	000
三	田中	(日枝)	000

振球犠盗失併残
1124023　251311

投手		回	安責
三浦	(坂祝)	2⅔	42
加藤	(金山)	2	97
尾口	(桜ケ丘)	3	42
深津	(中部)	1	00
釜屋	(東山)	⅔	00
神部	(境川)	⅓	00

▽本塁打　福田（市）▽三塁打　森（市）▽二塁打　柘植（加）小島、佐藤、尾口（市）▽暴投　三浦2（加）▽ボーク　尾口2（市）
試合時間　1時間17分

市岐阜商＝3回裏 1死三塁、三走佐藤が野選で5点目のホームに生還

加茂農林＝3回表 2死二塁、丹羽が右前打を放つ

市岐阜商＝3回裏　1死一塁、福田がリードを5点に広げる2ランを放つ

加茂農林＝3回表 2死二、三塁、ボークで三走丹羽が生還し2点目

市岐阜商＝1回表 1死一塁、併殺プレーを完成させる寺田

	1	2	3	4	5	6	7	8	9	計
岐阜工	0	0	0	0	0	0	1	0	0	1
大垣養老	1	2	0	0	0	0	3	1	×	7

3回戦

7月24日

大垣市北公園野球場

大垣養老 7 - 1 岐阜工

大垣養老 好機を逃さず

大垣養老＝1回裏 1死満塁、先制点となるスクイズを成功させる河村

大垣養老＝7回裏 2死二、三塁、中村泰の左前打で二塁から生還した中村凪

岐阜工＝試合終了後、グラウンドに礼をする選手たち

岐阜工＝7回表 1死、ソロ本塁打を放ち、チームメートとひじタッチをする豊田

大垣養老＝7回裏 2死二、三塁、チームに流れを引き戻す2点適時打を放つ中村泰

【岐阜工】			打	安	点
(三)	奥村	(稲羽)	5	0	0
(遊)二	岡田	(東安)	4	1	0
(左)	畑野	(各中央)	1	0	0
投	金子	(大和)	1	0	0
投	島沢	(岐南)	2	1	0
(一)	豊田	(穂積)	4	2	1
(投)中	尾崎	(岐南)	4	2	0
(中)左	林	(竹鼻)	4	2	0
(右)	吉川	(桑原学園)	2	0	0
走右	田上	(高富)	0	0	0
打	西村	(美山)	1	0	0
(捕)	真鍋	(小金田)	0	0	0
捕	山下	(宮)	4	1	0
(二)	森	(高田)	0	0	0
打遊	古川	(高富)	4	1	0

振球犠盗失併残
9100209　　36101

【大垣養老】			打	安	点
(遊)	中村泰	(大垣西)	4	3	3
(三)	萩野	(養東部)	4	2	2
(投)	国枝	(江並)	4	2	0
(右)	松浦	(高田)	4	1	0
(一)	河村	(日新)	2	0	1
(中)	栗田	(養東部)	4	1	0
(捕)	菱田	(養東部)	3	3	1
(左)	中村凪	(大垣南)	4	1	0
(二)	伊藤真	(興文)	3	1	0

振球犠盗失併残
34730112　　32147

投手		回	安	責
尾崎	(岐南)	1⅔	4	2
金子	(大和)	2⅓	2	0
島沢	(岐南)	4	8	3
国枝	(江並)	9	10	1

▽本塁打　豊田（岐）▽二塁打　尾崎（岐）菱田、国枝、萩野（大）▽暴投　島沢（岐）

試合時間　２時間22分

4回戦

6-1

岐阜第一　東濃実

7月28日

大垣市北公園野球場

	1	2	3	4	5	6	7	8	9	計
東濃実	0	1	0	0	0	0	0	0	0	1
岐阜第一	3	0	0	0	0	0	1	2	×	6

岐阜第一　鮮烈一撃

岐阜第一＝1回裏 1死一、二塁、右中間に先制3ランを放つ阪口

岐阜第一＝7回裏 無死三塁、右前適時打を放つ増田

東濃実＝試合に敗れ、スタンドへあいさつに向かうナイン

【東濃実】

			打	安	点
(中)	林　優	(美加西)	3	0	0
(遊)	勝　野	(広　陵)	3	0	0
(三)	竹　腰	(白　川)	3	0	0
(左)	所	(八東部)	3	0	0
左	大　平	(広　陵)	0	0	0
(一)	大　岩	(白　川)	1	1	0
(二)	福井蓮	(美加東)	3	0	0
打	佐　藤	(美加西)	1	0	0
(右)	多和田	(蘇　南)	3	1	1
打	酒　向	(美加東)	1	0	0
(投)	奥　村	(美加東)	1	0	0
打	林　蛍	(美加東)	1	0	0
投	西　田	(西可児)	1	0	0
投	山　田	(川　辺)	0	0	0
打	曽　我	(美加東)	1	0	0
(捕)	大　霜	(八百津)	3	0	0

振	球	犠	盗	失	併	残	打	安	点
11	5	2	0	1	0	7	28	2	1

【岐阜第一】

			打	安	点
(中)	岡　本	(中　宮)	4	1	0
(三)	島　辺	(貝塚一)	4	0	0
(投)	柴　崎	(伊丹西)	3	0	0
(一)	阪　口	(京都・田辺)	4	2	3
(二)	糀　谷	(野洲北)	4	1	0
(右)	西　村	(稲　枝)	4	2	0
(捕)	田　村	(青　垣)	3	1	0
(遊)	中　嶋	(岐阜西)	2	1	0
(左)	増　田	(太　秦)	4	1	1
走	楠	(京都・江陽)	0	0	0
左	平　良	(豊中十七)	0	0	0

振	球	犠	盗	失	併	残	打	安	点
3	5	0	2	1	0	7	32	9	4

投手		回	安	責
奥　村	(美加東)	3	2	3
西　田	(西可児)	$4\frac{2}{3}$	7	1
山　田	(川　辺)	$\frac{1}{3}$	0	0
柴　崎	(伊丹西)	9	2	1

▽本塁打　阪口（岐）▽三塁打　中嶋（岐）▽二塁打　多和田（東）糀谷（岐）▽暴投　奥村（東）柴崎（岐）
試合時間　2時間27分

東濃実＝8回裏 2死満塁、送球にグラブを伸ばす大岩

東濃実＝8回裏 1死二塁、西村の中前打で本塁を狙った二走糀谷をタッチアウトにする大霜

	1	2	3	4	5	6	7	8	9	計
岐阜各務野	0	0	0	0	0	0	0	0	0	0
帝京大可児	2	1	0	1	1	0	1	0	×	6

4回戦

6 - 0

帝京大可児　岐阜各務野

7月28日

大野レインボースタジアム

帝京大可児 投打隙なし

帝京大可児＝公式戦初登板ながら5回無失点と力投した加藤淳

岐阜各務野＝1回表 2死一塁、好機を広げる右前打を放つ白木

帝京大可児＝2回裏 2死二塁、中前適時打を放つ森

帝京大可児＝4回裏 2死、右越えにソロを放つ谷口

岐阜各務野＝1回裏 1死一、三塁、樋笠の打球に懸命に飛びつく木村

【岐阜各務野】			打	安	点
(中)	丸山	(境川)	4	2	0
(二)	木村	(羽島)	4	1	0
(一)	松原	(鵜沼)	4	1	0
(右)	白木	(岐北)	4	2	0
(遊)	出口	(美加西)	3	0	0
(三)	鵜飼	(瑞陵)	3	1	0
(左)	玉田	(桜ケ丘)	3	0	0
(捕)	青木	(川島)	3	0	0
(投)	北村	(下有知)	1	0	0
打	今中	(陽南)	1	0	0
投	林	(羽島)	0	0	0
投	西島	(川島)	0	0	0
打	佐田	(旭ケ丘)	1	0	0
投	小西	(緑ケ丘)	0	0	0
振球犠盗失併残	4002204		31	7	0

【帝京大可児】			打	安	点
(右)	谷口	(篠目)	5	2	1
(捕)	森	(瑞浪)	5	2	1
(中)	犬塚	(西尾東部)	3	1	0
(三)一	山本	(西尾)	5	2	1
(一)	樋笠	(八風)	3	1	1
打	加藤翼	(金山)	1	0	0
遊	中妻	(篠岡)	0	0	0
(二)	高橋	(西可児)	3	1	0
(左)	田中	(城南)	2	0	0
打	高原	(みよし北)	0	0	0
走左	内木	(美加東)	1	0	0
(遊)三	磯部	(清州)	1	0	1
(投)	加藤淳	(小泉)	1	0	0
打	大坪	(知立南)	1	0	0
投	足立	(藍川)	1	0	0
振球犠盗失併残	17130311		32	9	5

投手		回	安	責
北村	(下有知)	4	6	4
林	(羽島)	$2\frac{2}{3}$	2	1
西島	(川島)	$\frac{1}{3}$	0	0
小西	(緑ケ丘)	1	1	0
加藤淳	(小泉)	5	5	0
足立	(藍川)	4	2	0

▽本塁打　谷口（帝）▽暴投　林（岐）▽打撃妨害　青木（岐）

試合時間　2時間3分

4回戦

16-2
美濃加茂 長良
7月28日
長良川球場

	1	2	3	4	5	計
美濃加茂	2	0	6	0	8	16
長良	1	0	0	1	0	2

（5回コールド）

美濃加茂 18安打16得点

美濃加茂＝3回表 2死一、三塁、守屋の適時打で生還する一走石神

【美濃加茂】

			打	安	点
(左)	吉田友	(江 並)	2	0	0
(三)	石 神	(坂 祝)	4	3	1
一	吉田快	(美加東)	0	0	0
(捕)	守 屋	(美加東)	5	4	2
(中)	水 野	(豊 山)	2	2	1
(右)	細 江	(下 呂)	5	2	0
(遊)	藤 村	(美加西)	3	2	6
(二)	平 田	(緑ケ丘)	3	1	2
(一)	林 龍	(東長良)	4	2	0
走	丹 羽	(大 和)	0	0	0
三	長 尾	(各中央)	0	0	0
(投)	林 拓	(坂 祝)	4	2	2

振	球	犠	盗	失	併	残	打	安	点
2	9	0	1	1	2	10	32	18	14

【長 良】

			打	安	点
(中)	岩 松	(岐大付)	3	1	0
(三)	大 堀	(伊自良)	2	1	0
(捕)	高 橋	(北 方)	2	0	0
(左)	古田淩	(梅 林)	2	1	1
打	志 岐	(巣 南)	1	0	0
(右)	小 西	(日 枝)	3	2	0
(遊)	波多野	(北 方)	3	1	0
(二)	増 田	(岐清流)	2	1	0
二	鷲 見	(高 富)	0	0	0
(一)	洞 口	(東長良)	2	1	0
(投)	西 山	(厚 見)	0	0	0
投	小瀬木	(岐 南)	0	0	0
打	渡 部	(境 川)	1	1	1
走	新 川	(各中央)	0	0	0
投	伊藤栄	(岐中央)	0	0	0
投	藤 村	(中 島)	0	0	0
投	丹 羽	(笠 松)	0	0	0
投	古田大	(島)	0	0	0

振	球	犠	盗	失	併	残	打	安	点
1	2	1	0	2	1	7	21	9	2

投手		回	安	責
林 拓	(坂 祝)	5	9	1
西 山	(厚 見)	2 2/3	8	8
小瀬木	(岐 南)	1 1/3	3	0
伊藤栄	(岐中央)	0/3	2	3
藤 村	(中 島)	1/3	2	2
丹 羽	(笠 松)	1/3	2	1
古田大	(島)	1/3	1	0

▽本塁打　藤村（美）▽二塁打　平田、石神（美）小西（長）▽暴投　丹羽、古田大（長）
試合時間　2時間2分

美濃加茂－2回裏 2死一塁、ライトフライを細江がダイビングキャッチ

長良＝4回裏 1死満塁、左前適時打を放つ渡部

長良＝グラウンドに駆け出すナイン

美濃加茂＝3回表 無死一、三塁、適時二塁打を放つ平田

	1	2	3	4	5	6	7	8	9	計
岐阜総合	5	0	0	0	0	0	0	0	0	5
大垣日大	0	3	2	1	0	0	0	0	×	6

4回戦

大垣日大 6-5 岐阜総合

7月28日

大垣市北公園野球場

大垣日大 リリーフ快投

大垣日大＝7回表 三者三振に抑え、ほえる権田

岐阜総合＝1回表 2死満塁、右中間へ走者一掃の二塁打を放つ山内

試合開始の整列に並ぶ両ナイン

【岐阜総合】			打	安	点
(二)	石川	(真正)	3	0	0
(遊)	中嶋	(三輪)	3	1	0
(中)	飯沼	(蘇原)	4	2	0
(左)	岩付	(精華)	5	3	2
(一)	山口	(岐阜西)	4	0	0
打	笠原	(東長良)	1	0	0
(捕)	古川	(城南)	3	1	0
捕	寺田	(岐阜西)	1	0	0
(三)	西村	(岐中央)	2	0	0
(右)	山内	(北方)	4	1	3
(投)	松原	(島)	1	1	0
投	近藤	(梅林)	3	0	0

振球犠盗失併残
12 5 2 0 3 1 9　34 9 5

【大垣日大】			打	安	点
(二)	木原	(有松)	5	3	0
(三)	角田	(愛知・東郷)	5	3	1
(捕)	清水	(春日井西部)	2	1	0
(投)左	柄沢	(愛知・志賀)	4	1	0
(中)	清田	(豊橋東部)	1	0	0
打一	田辺	(坂祝)	2	1	0
(右)中	久場	(静岡・金岡)	3	1	1
中	森	(鵜沼)	0	0	0
(左)	林晴	(池田)	0	0	0
投	権田	(豊川一宮)	3	0	0
(一)右	橋本	(福井・高浜)	4	2	1
(遊)	山口	(千郷)	1	0	1
打	渡辺	(浜松積志)	1	0	0
遊	有村	(真正)	1	0	0

振球犠盗失併残
3 5 1 4 0 0 8　32 12 4

投手		回	安	責
松原	(島)	2⅓	7	2
近藤	(梅林)	5⅔	5	0
柄沢	(愛知・志賀)	⅔	3	5
権田	(豊川一宮)	8⅓	6	0

▽三塁打　橋本（大）▽二塁打　岩付、山内、中嶋（岐）久場（大）▽暴投　松原、近藤（岐）

試合時間　２時間46分

大垣日大＝3回裏 2死二塁、同点に追いつく橋本の適時三塁打に沸くベンチ

岐阜総合＝1回表 山内の3点適時二塁打などで5得点し、盛り上がる選手たち

4回戦

岐阜聖徳 7 - 2 富田

7月28日

大垣市北公園野球場

	1	2	3	4	5	6	7	8	9	計
富田	0	0	0	0	1	0	1	0	0	2
岐阜聖徳	0	0	1	0	5	1	0	0	×	7

中盤突き放し、岐阜聖徳快勝

【富　田】		打安点
(遊)山　田	(下有知)	500
(三)横　山	(那　加)	400
(一)　蒲	(長　森)	400
(投)長　屋	(岩野田)	410
(二)宮　川	(愛知・岩崎)	410
(捕)箕　田	(愛知・中部)	310
(左)西　村	(高　富)	310
(右)篠　田	(那　加)	311
打　名　和	(加　納)	000
(中)安　藤	(美加西)	101
振球犠盗失併残		
9600108		3152

【岐阜聖徳】		打安点
(中)牧　野	(加　納)	510
(左)右前　田	(羽　島)	420
(遊)山　田	(岐阜西)	111
(右)山　角	(尾西一)	423
左　渡　辺	(羽　島)	000
(一)馬　場	(江南北部)	300
打一榎　園	(高　富)	100
(捕)松　倉	(羽　島)	411
(二)西　願	(池　田)	410
二　深　町	(祖父江)	000
(三)立　木	(大垣南)	411
(投)稲　葉	(長　良)	311
投　古　田	(長森南)	000
投　小　山	(稲沢西)	000
投　橋　本	(不　破)	000
振球犠盗失併残		
49140112		33107

投　手		回	安責
長　屋	(岩野田)	8	106
稲　葉	(長　良)	6	31
古　田	(長森南)	0/3	11
小　山	(稲沢西)	2 1/3	10
橋　本	(不　破)	2/3	00

▽本塁打　山角（岐）▽二塁打　山田（岐）▽捕逸　松倉（岐）
試合時間　2時間5分

岐阜聖徳＝5回裏 1死一、二塁、左中間に勝ち越しの3点本塁打を放つ山角

岐阜聖徳＝6回1失点の力投をみせた先発稲葉

富田＝5回表 2死満塁、押し出し四球で宮川が本塁を踏み、同点に追いついた

岐阜聖徳＝7回表 1死二、三塁のピンチでマウンドに集まる内野手

富田＝力投した主戦長屋

4回戦

中京 2-1 市岐阜商

7月28日

長良川球場

	1	2	3	4	5	6	7	8	9	計
市岐阜商	1	0	0	0	0	0	0	0	0	1
中京	0	0	0	0	0	0	0	1	1×	2

熱投138球 9回力尽く

中京＝9回裏 2死二塁、滝野のサヨナラ打で市岐阜商の尾口の前をホームインする二走浦川

市岐阜商＝8回裏 無死一塁、一走小田が盗塁を試みるがタッチアウト

中京＝8回裏 無死、元の左ソロ本塁打で同点に

中京＝9回裏 2死二塁、滝野の右前適時打でサヨナラ

市岐阜商＝9回裏 力投する尾口

【市岐阜商】		打安点
(二) 高木	(大和)	3 1 0
(中) 森	(青山)	5 3 0
(左) 佐藤	(島)	4 1 0
(一) 宮川	(大野)	4 1 1
(投) 尾口	(桜ケ丘)	4 0 0
(捕) 福田	(古川)	4 1 0
(遊) 寺田	(大垣西)	4 2 0
(右) 小島	(川島)	3 1 0
走 谷口	(垂井北)	0 0 0
右 野田	(岐清流)	0 0 0
打右 松井	(古川)	1 0 0
右 林	(神戸)	0 0 0
(三) 田中	(日枝)	0 0 0
打 山根	(江南西部)	1 0 0
三 平塚	(青山)	3 1 0

振球犠盗失併残
６１１１１０10　36 11 1

【中京】		打安点
(中) 滝野	(江井島)	4 3 1
(遊) 畠中	(恵那東)	3 0 0
(投) 元	(平和)	3 2 1
(三) 小田	(四谷)	3 1 0
(捕) 渡辺	(蘇南)	4 0 0
(一) 金城	(高江洲)	3 0 0
一 田口	(長野・川上)	1 0 0
(左) 吉田	(那加)	4 0 0
(二) 浦川	(三重・神戸)	4 2 0
(右) 猿渡	(旭ケ丘)	2 0 0
打 魚川	(奈良・三郷)	1 0 0
右 中村	(南大沢)	1 0 0

振球犠盗失併残
10３１２４１９　33 8 2

投手	回	安責
尾口（桜ケ丘）	$8\frac{2}{3}$	8 1
元（平和）	9	11 0

▽本塁打　元（中）▽二塁打　福田（市）元、滝野（中）
試合時間　２時間15分

4回戦

8-5　大垣養老　関　7月28日　長良川球場

	1	2	3	4	5	6	7	8	9	計
大垣養老	4	1	0	2	0	0	0	1	8
関	2	1	1	1	0	0	0	0	0	5

大垣養老 打ち合い制す

大垣養老＝1回表 無死一、三塁、左中間に3ランを放つ松浦

【大垣養老】		打安点
㈱遊	中村泰（大垣西）	410
(三)	萩　野（養東部）	422
(右)	国　枝（江　並）	531
(中)左	松　浦（高　田）	314
(一)	河　村（日　新）	521
(投)	三　輪（養東部）	210
投	木　村（大垣東）	210
(捕)	菱　田（養東部）	300
(左)	中村凪（大垣南）	200
打	松　井（輪之内）	100
中	栗　田（養東部）	000
(二)	伊藤真（興　文）	410

振球犠盗失併残
6531208　　35128

【　関　】		打安点
(右)	和　田（坂　祝）	531
(二)	杉　本（桜ケ丘）	511
(三)	古　田（旭ケ丘）	400
三	吉　田（桜ケ丘）	100
(一)	奥　田（桜ケ丘）	310
(中)	荒　川（高　鷲）	530
(遊)	渡　辺（旭ケ丘）	521
(捕)	川　原（美　濃）	311
打	飯　田（桜ケ丘）	100
(投)左投	中　島（桜ケ丘）	200
(左)	藤　井（旭ケ丘）	200
左	若　狭（旭ケ丘）	100
投	尾　関（緑ケ丘）	000
左	後　藤（美　濃）	000

振球犠盗失併残
33302011　　37114

投手	回	安責
三　輪（養東部）	3 0/3	75
木　村（大垣東）	6	40
中　島（桜ケ丘）	8 2/3	117
尾　関（緑ケ丘）	0/3	11
中　島（桜ケ丘）	1/3	00

▽本塁打　松浦（大）▽三塁打　和田（関）▽二塁打　萩野、伊藤真（大）杉本、和田2、荒川（関）▽暴投　木村2（大）中島（関）
試合時間　2時間31分

関＝1回裏 無死、三塁打を放ち、ガッツポーズをする和田

大垣養老＝1回表 無死一塁、萩野の二塁打で一走中村泰が生還し先制

関＝3回裏 無死満塁、中犠飛を放つ川原

大垣養老＝試合前に集まるナイン

4回戦

2-0

大垣北　飛騨高山

7月29日

長良川球場

	1	2	3	4	5	6	7	8	9	計
大垣北	0	0	0	0	0	0	0	2	0	2
飛騨高山	0	0	0	0	0	0	0	0	0	0

大垣北 投手戦制す

大垣北＝最終回に力投する主戦安藤透

飛騨高山＝5回表 1死、山田のフライをランニングキャッチする重田聖

大垣北＝8回表 1死一、三塁、竹村の犠打野選で三走田宮が生還し、沸くベンチ

飛騨高山＝6回裏 気迫のこもったピッチングをみせる主戦重田蓮

大垣北＝8回表 1死一、二塁、野田の左前適時打で2点目

【大垣北】

			打	安	点
(中)	田　宮	(神　戸)	4	2	0
(三)	馬　淵	(神　戸)	4	1	0
(一)	竹　村	(城　南)	2	1	1
(左)	野　田	(北　和)	4	2	1
(遊)	久　世	(星　和)	4	0	0
(二)	大　橋	(西　部)	4	0	0
(捕)	山　田	(神　戸)	4	0	0
(投)	安藤透	(巣　南)	4	1	0
(右)	和　藤	(神　戸)	2	0	0
打	佐　野	(池　田)	1	0	0
右	藤　井	(神　戸)	1	0	0

振球犠盗失併残
8　1　1　1　1　0　7　　34　7　2

【飛騨高山】

			打	安	点
(中)	川上永	(古　川)	4	0	0
(捕)	山　田	(東　山)	4	1	0
(二)	橋　本	(中　山)	4	1	0
(投)一	重田蓮	(松　倉)	4	1	0
(左)	川上瑠	(中　山)	4	0	0
(三)	坂　本	(　宮　)	4	1	0
(一)	桜　本	(中　山)	3	0	0
投	荒　木	(清　見)	0	0	0
(右)	重田聖	(古　川)	3	2	0
(遊)	松　本	(国　府)	2	0	0

振球犠盗失併残
9　0　1　0　0　0　6　　32　6　0

投手		回	安	責
安藤透	(巣　南)	9	6	0
重田蓮	(松　倉)	7⅓	7	2
荒　木	(清　見)	1⅔	0	0

▽二塁打　重田聖、橋本（飛）▽暴投　安藤透（大）荒木（飛）

試合時間　2時間17分

コロナに翻弄され、雨に泣かされた「夏の大会」だったが…

2020年（令和2年）5月21日（木曜日）

夏の甲子園 中止

コロナ影響、戦後初

高野連決定、地方大会も

日本高野連は20日、新型コロナウイルスの影響が各地に広がる中、オンラインで第102回全国高校野球選手権大会の運営委員会と理事会を開き、兵庫県西宮市の甲子園球場で8月10日から予定していた夏の甲子園大会＝■7参照＝と出場権を懸けた地方大会の中止を決め、発表した。夏の大会の中止は3度目で戦後初、選抜大会と春夏連続での中止は戦争での中断を除き史上初めて。【コロナ関連記事2、3、5、8～13、17、18、20、24、26、27面に】

全国選手権大会の中止を決断した理由について、開催期間が2週間以上に及ぶことや、代表校が全都道府県から長時間かけて移動すること、集団で宿泊して地元に帰ることなどを考慮すると、感染と拡散のリスクが避けられないとした。

また、地方大会については、感染リスクのほかに、部活動の停止が長期化し、練習が十分でない選手の健康と安全を守るのが難しいことや、夏休みの短縮で登校日を増やす動きがある中、大会の開催は学業の支障になりかねないことなどを理由に挙げている。

日本高野連の八田英二会長は「球児の安全、安心に最大限配慮した。中止を選択せざるを得ない苦渋の決断。中止を伝えることはまさしく断腸の思いだった」と語った。各都道府県の高野連が独自に地方大会を開催する動きについて「それぞれの高野連の自主的な判断に任せる」とした。

日本高野連は全国選手権大会の開催を前提にした感染防止対策として、無観客試合や組み合わせ抽選会、甲子園練習、開会式の取りやめなどを想定していた。

全国選手権大会は1918年の第4回大会が米騒動で、41年の第27回大会が戦局悪化で中止。42～45年は中断、46年から再開した。選抜大会も42～46年で中断されたが、3月の第92回選抜大会が予定されていた大会として史上初の中止となった。

夏の甲子園大会と同時期に予定されていた全国高校総合体育大会（インターハイ）は4月26日に中止が決まっていた。

第102回全国高校野球選手権大会の中止について、オンラインで記者会見する日本高野連の八田英二会長＝20日午後、大阪市（代表撮影）

高校野球大会での中止や中断

夏の全国選手権大会	春の選抜大会
第4回（1918年）大会直前に米騒動で**中止**	
第27回（41年）戦局悪化のため地方大会途中で**中止**	**1942～46年** 太平洋戦争の影響による**中断**
42～45年 戦争で**中断**	
第102回（2020年）新型コロナウイルス感染拡大の影響で**中止**	**第92回**（2020年）新型コロナウイルス感染拡大の影響で**中止**

球児「悔しい」

甲子園中止

「岐阜大会だけでも」願う

「甲子園に出たい」。大きな志を抱いて各高校の門をたたいた球児の夢は、新型コロナウイルスという見えない敵の前にあえなく散った。第102回全国高校野球選手権大会の中止が20日、決まった。夢を奪われた球児たちは、受け入れるしかない現実に悔し涙をにじませる。県民も球児の気持ちを思いやるとともに、〝夏の風物詩〟がなくなったことを残念がった。

春の選抜に続き中止となった全球児の憧れ、夏の甲子園大会。この夏が最後だった県内の3年生からは、言葉にできない悲痛な思いが聞かれた。

「悔しい」と絞り出したのが市岐阜商の福田章也主将(17)。「市岐商なら甲子園に出られると思って入学した。甲子園に出たかった」と涙をこらえながら言葉をつないだ。だが主将としては、「グラウンドで仲間と会えた時は、みんなが前を向けるような姿勢で引っ張りたい」と強い覚悟を示す。

トレーニング中に中止を知った岐阜第一の糀谷輝杜主将(17)は「夏こそはと思って冬から練習してきたのに…」と言葉を詰まらせた。「ここでなら甲子園に行ける」と滋賀県から強い覚悟を持って岐阜第一へ入学し、野球漬けの厳しい寮生活にも耐えてきたからこそ「まだ信じられない」。甲子園という大きな目標はなくなったが「最後に仲間と戦える岐阜大会だけでもやってほしい」と願った。

努力は無駄じゃない 顔上げて

昨秋の県大会は3位で、夏は初の甲子園出場を目指していたのが大垣西。夢をかなえることはできず、久世匠朗主将(18)は「この冬は人生で一番野球に打ち込んできたので言葉が出ない。だが、チーム一丸で一つの目標に向かった日々は無駄ではない」と涙を拭った。（村井樹）

夏の甲子園の中止決定を知らせるニュースが流れる街頭ビジョン＝20日午後、岐阜市

県内ファン エール紡ぐ

「全国高校総体も中止になったので、仕方がない判断だと思うけど本当にかわいそう」と話すのは、高校時代に硬式野球部マネジャーだった会社員渡邉麻里絵さん(32)＝各務原市＝。「目指す舞台を奪われた球児の気持ちは計り知れない。進学先などに影響する子もいる」と事情を察し、「お盆の時期は毎年甲子園のテレビ中継を見ていた。寂しい」と話す。

息子の入団をきっかけに揖斐野球スポーツ少年団の指導者を10年以上務める公務員川西和彦さん(52)＝揖斐郡揖斐川町＝は「夏の甲子園は野球をする子どもたちの憧れ。団員は3月から練習もできず、野球を見る機会もなくなるのは残念。野球離れが進むのではないかと心配」と語る。甲子園を目指していた教え子もおり、「どんな形でもいいので、努力が報われるようにしてほしい」と願う。

昨夏、甲子園4強入りした中京高校（瑞浪市）の硬式野球部の選手や監督らが利用する地元の飲食店「一徳食堂」の店主可知伸一さん(51)は「無観客開催という小さな希望を持っていただけに残念。最終学年の3年生を思うと気の毒でならない」と話し、「（中京高校には）昨年に並ぶ活躍を期待していた。3年生はこれにめげず野球を続けてほしい」と今後の奮闘に期待した。

毎年、岐阜県代表校が宿泊する「ジーアールホテル江坂」（大阪府）の男性支配人(51)は「岐阜の選手は礼儀正しく、みんなよく食べる。春の選抜大会が中止になり、夏こそはと、ホテルとしても迎え入れる準備を進めていた。何とか子どもたちにプレーさせてあげてほしかった」と中止を惜しんだ。

古田肇知事は「夢を追い掛けてきた選手の気持ちを思うと、掛ける言葉も見つからない。しかし、積み重ねてきた努力は、一回りも二回りも大きく成長させてくれていると思う」とコメントした。（三輪真大、井上愛、玉田健太）

2020年（令和2年）5月21日（木曜日）

各地からエール続々

コロナ禍、活躍の場に喜び

「感謝胸にプレー」

球児の夏、これから

県高校野球独自大会

「諦めなくてよかった」「今までやってきたことを全て出したい」―。夏の全国高校野球選手権岐阜大会に代わる県の独自大会の開催が4日、決まった。春季大会や夏の甲子園中止など、コロナ禍に振り回されてきた3年生の球児たちは「最後の舞台」が与えられたことを喜ぶと同時に、こみ上げる闘志を胸に完全燃焼を誓う。

（玉田健太、村井樹）

田所孝二監督（手前）から独自大会の開催決定を伝えられる野球部員＝4日午後4時40分、本巣市仏生寺、岐阜第一高（撮影・堀尚人）

「独自に大会が開かれることになった。力を発揮する機会が与えられ、こんなにありがたいことはないぞ」。岐阜第一では同日夕、自主練習などに取り組んでいた選手が、田所孝二監督(60)から報告を受けた。"吉報"にも選手は浮かれることなく、約1カ月後に迫る大会へ、気を引き締めた。主将の糀谷輝杜(17)は「夏のために冬の間、頑張ってきた。練習してきたことを出せる場があるのは本当にうれしい」と語り、「みんなで諦めずに頑張ろうと話し、取り組んできて良かった」と気持ちを新たにする。

飛騨高山主将の松本大輝(18)は5月20日の同選手権の中止決定を「入学前から甲子園に出たいと思って頑張ってきた。悲しいというより、悔しかった」と振り返る。新型コロナウイルス感染拡大の影響で、部活動ができない期間が長期化し、モチベーションが上がらないこともあったが、自主練習は欠かさず取り組んできたという。部活動再開は15日の予定。「大会までの期間は短いけど、しっかり調整して納得のいく試合をしたい」と意気込む。

昨年は連合チームのエースで出場した羽島の名和寛祥(17)は、代替大会開催を断念した県もあることから「（独自大会は）本当にありがたい」と岐阜県高野連の判断に感謝する。現時点では2、3年生で部員は5人。大会までに9人そろうか未定だが、「できれば部員を集めて単独チームで出場したい。大会では全力でプレーする」と誓う。

岐阜主将の後藤路翔(17)も「準備期間は短いが、限られた時間でコンディションも整えたい」と夏の戦いに向け気持ちを切り替え、「2年半やってきた集大成として、周りの人への感謝の気持ちも持ちながらプレーしたい」と力を込めた。

試合当日に検温、ベンチ消毒

「最後の戦い」環境整備

甲子園へは続かないが、夏で引退となる3年生のために最後の戦いの場を用意した県高野連。新型コロナウイルス感染防止策を徹底的に考え、球児の命を守ることを最優先しながら、思い切りプレーできる環境を整え、開催にこぎ着けた。

「何とか3年生全員が試合に携われるように、行動を共にできるようにした」と鍵谷英一郎専務理事が強調したように、ベンチ入りは例年の20人より多い25人で、試合ごとの入れ替えは自由。県内には3年生部員が26人以上の高校が1校あるが、ノックの補助員5人は別に認め、球場で共に戦うことができる。

感染防止策は入念だ。球場入りできるのは選手25人、記録員、監督などは各1人。ノック補助は5人までとし、試合当日朝の検温や健康チェックシートの提出を徹底させる。ベンチの小さい関市民などではベンチ入りの人数を制限し、スタンドの一部も使用して「3密」を回避。試合間はベンチやスタンドを消毒するために通常の倍の1時間空け、感染リスクを極限にまで下げる。

その他、試合前後のあいさつ、円陣を組んでの声出しの禁止、マウンドに集まる際はグラブで口を覆うなど、選手には多くの制限もかかるが、検討段階から鈴木健会長が貫いてきた「まずは子どもの命が最優先」という意志を徹底した形だ。

（村井樹）

2020年（令和2年）6月5日（金曜日）

大垣養老高の吹奏楽部

野球部応援曲、ＣＤに込める

スタンド入りできず「バスで聞いて」

演奏を録音したＣＤを野球部に贈る吹奏楽部の生徒ら＝養老町祖父江、大垣養老高校

養老町祖父江の大垣養老高校吹奏楽部は、夏の全国高校野球選手権岐阜大会に代わる県独自大会に出場する選手を応援しようと、野球部に演奏を録音したCDを贈った。大会は新型コロナウイルス感染予防のため、入場者数に制限があり、スタンドで応援や演奏ができないことからCDを制作した。

CDには試合の得点やヒット、チャンスの際に演奏するはずだった3曲を収録した。球場で流すことはできないが、移動のバスなどで聞いてもらう。

同校で贈呈式があり、吹奏楽部と、毎年一緒にスタンドで応援するダンス部の生徒が演奏とダンスを披露。吹奏楽部部長の3年深和花音さん(17)が、野球部主将の3年萩野秀斗さん(17)にCDを手渡した。

深和さんは「私たちも目指していた吹奏楽のコンクールが中止になった。スタンドでの演奏はできないが、勝ってほしいと願いながら演奏して収録した」と話し、萩野さんは「スタンドにいなくても応援してくれていると感じた。プレーで感謝を示したい」と意気込んだ。

（小田香緒里）

2020年（令和2年）7月11日（土曜日）

高山西高ウインドアンサンブル部、コロナ対策で入れず

校内で野球部を応援演奏

全国高校野球選手権岐阜大会に代わる夏季県高校野球大会は18日、県内各球場で開幕する。大会は新型コロナウイルスの感染対策のため、一部の保護者や控え部員のみしか球場で応援できないため、高山市下林町の高山西高校では17日、ウインドアンサンブル部員39人が、開幕に向けた友情壮行会と題して応援演奏を行い、硬式野球部員49人を激励した。

（森嶋哲也）

県独自大会へ　球場並み、壮行会

球場で応援できない思いを込めた演奏で野球部を勇気づけるウインドアンサンブル部＝高山市下林町、高山西高校

同校ウインドアンサンブル部は昨年の全日本吹奏楽コンクール県大会高校の部で金賞に輝く実力。例年の岐阜大会のスタンドでの応援演奏はもちろん、全校壮行会も中止となったため、友情壮行会を行った。

雨天となったが、正門前の芝生で整列する野球部員に試合の応援曲の「スピードスター」や「パラダイス銀河」など6曲のメドレーを披露。演奏すると必ずヒットが出るという伝統の縁起のいい楽曲「エル・クンバンチェロ」を最後に華麗に響かせ、勇気付けた。

ウインドアンサンブル部3年の大下恵生副部長は「球場で応援できなくて残念だけど、少しでも力が与えられたら、うれしい」と笑顔。大雨のため1週間休校となり、13日から全体練習を再開した硬式野球部の堀之上嵩朔主将は「素晴らしい演奏で元気と勇気をもらった。優勝を目指す」と感謝し、意気込みを語った。

高山西は2回戦から登場し、19日の中山公園第2試合で高山工と益田清風の勝者と戦う。

2020年（令和2年）7月18日（土曜日）

雨にも負けず いざ開幕!!

県高校野球 再び水入り
きょう17試合で開幕

記録的な大雨の影響で開幕を1週間延期した全国高校野球選手権岐阜大会に代わる「2020夏季県高校野球大会」は18日、長良川球場など7球場で1、2回戦19試合を行う予定だったが、雨大の影響で全試合中止となり、一部試合を除き19日へ順延となった。

19日は関市民と土岐市総合公園が使用できず、両球場で予定されていた計5試合のうち3試合を大野レインボーで行う。飛騨地区は学校の意向で、20日に2回戦2試合を中山公園で行う。26日に予定されていた準々決勝は予備日の27日に変更となり、午後4時から長良川球場など4球場で各1試合を実施。準決勝以降の日程に変更はない。

19日は同球場など6球場で1、2回戦17試合を行う。

夏季県高校野球大会の開幕戦が雨で順延となり、引き揚げる岐阜第一ナイン＝長良川球場（撮影・堀尚人）

きょうの試合

【1回戦】
◇…長良川…◇
①岐阜第一×羽島北（8・30）
②岐　阜×羽島・山県（11・30）
◇…大垣北…◇
①揖　斐×大垣工（8・30）
②大垣北×海津明誠（11・30）
③大垣東×大垣南（14・30）
◇…プリニー…◇
①長　良×各務原西（8・30）
②加　納×市岐阜商（11・30）
◇…KYB…◇
①八百津×武　義（8・30）
②美濃加茂×可　児（11・30）
◇…大野レインボー…◇
②中　津×土岐紅陵（11・30）
③多治見工×恵那南（14・30）
◇…中山…◇
①飛騨高山×斐　太（8・30）
②高山工×益田清風（11・30）
【2回戦】
◇…長良川…◇
③岐阜各務野×岐南工（14・30）
◇…プリニー…◇
③本巣松陽×岐阜城北（14・30）
◇…KYB…◇
③東濃実×加　茂（14・30）
◇…大野レインボー…◇
①加茂農林×関有知（8・30）

2020年（令和2年）7月19日（日曜日）

夏季県高校野球大会が開幕し、試合前の整列に向かう岐阜ナイン＝19日午前11時32分、岐阜市長良福光、長良川球場（撮影・堀尚人）

夏季県高校野球
晴れ舞台 感謝の夏 開幕

雨の影響で延期が続いていた全国高校野球選手権岐阜大会に代わる「2020夏季県高校野球大会」は19日、岐阜市の長良川球場など6球場で開幕し、1、2回戦17試合を行った。新型コロナウイルス感染拡大の影響で、さまざまな制約がある中、選手らは青空の下、仲間と野球ができる喜びをかみしめながら試合に臨んだ。

【関連記事12、13、22面に】

今大会には、新型コロナの影響で出場を自粛した県岐阜商を除き、63校62チームが参加。球場に入場できる人数を制限し、試合間にはベンチやスタンドを消毒するなど、新型コロナ対策も徹底している。

順調に日程が進めば決勝戦は8月2日午前9時から、長良川球場で行われる。

（村井樹）

2020年（令和2年）7月20日（月曜日）

新型コロナウイルス対策で、保護者席を消毒する野球部員たち（長良川球場）

岐阜第一×羽島北＝コロナウイルス対策で距離を保って観戦する保護者たち（長良川球場）

コロナ禍の夏

岐阜各務野×岐南工＝4回表右越え2ランを放ち、ひじタッチで祝福される岐阜各務野の白木（長良川球場）

高山西×高山工＝5回表高山西1死、森本の右前適時打で生還し、グータッチで喜び合う三走三枝（高山市中山公園野球場）

岐阜×羽島・山県＝保護者を除き無観客の中、熱戦を繰り広げる選手たち（長良川球場）

優勝
大垣日本大学高等学校

優勝 大垣日大

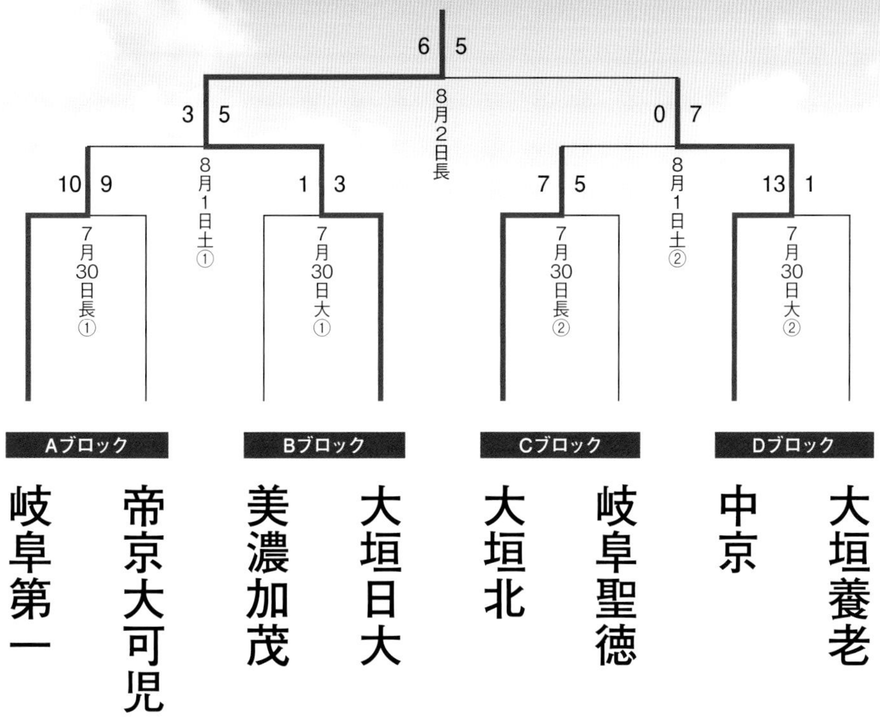

長＝長良川球場、大＝大垣市北公園野球場、土＝土岐市総合公園野球場

【優秀打撃成績】

		打数	安打	打点	本塁打	打席数	打率
1	元　謙太（中　　京）	16	10	7	3	23	.625
2	滝野真仁（中　　京）	20	12	7	1	24	.600
	藤村雄我（美濃加茂）	10	6	8	1	14	.600
4	阪口　樂（岐阜第一）	16	9	9	4	18	.563
5	木原黎明（大垣日大）	22	12	2	0	25	.545
6	谷口智紀（帝京大可児）	13	7	2	1	14	.538
7	国枝航汰（大垣養老）	17	9	3	0	18	.529
8	水野太陽（美濃加茂）	19	10	6	0	24	.526
9	清水智裕（大垣日大）	18	9	4	1	22	.500
	山田真大（岐阜聖徳）	12	6	6	0	18	.500

※ベスト8以上対象。打席数12以上

【優秀投手成績】

		防御率	試合数	投回球数	被安打	奪三振	四死球	自責点
1	権田　翼（大垣日大）	0.00	4	16	8	21	4	0
2	小田康一郎（中　　京）	0.53	4	17	8	19	6	1
3	稲葉孝介（岐阜聖徳）	0.95	4	19	11	19	11	2
4	村瀬　俊（美濃加茂）	2.25	3	16	17	15	2	4
5	元　謙太（中　　京）	2.37	2	19	22	10	4	5
6	木村俊哉（大垣養老）	2.45	3	$14\frac{2}{3}$	12	6	5	4
	阪口　樂（岐阜第一）	2.45	2	11	6	9	8	3
	山本隆太（大垣日大）	2.45	4	$14\frac{2}{3}$	9	17	4	4
9	安藤　透（大 垣 北）	2.50	4	36	28	28	11	10
10	萩原惇徳（大 垣 北）	3.97	2	$11\frac{1}{3}$	12	6	8	5

※ベスト8以上対象。投球回数10回以上

	1	2	3	4	5	6	7	8	9	計
岐阜第一	2	3	0	2	0	1	1	0	1	10
帝京大可児	0	0	0	0	7	0	0	0	2	9

準々決勝

岐阜第一 10-9 帝京大可児

7月30日

長良川球場

岐阜第一 最終回突き放す

帝京大可児＝9回表 2死、岐阜第一の阪口にソロ本塁打を浴び、ぼうぜんとする加藤翼

岐阜第一＝2回表 2死一、二塁、右越え3ランを放ち笑顔でベース回る島辺

帝京大可児＝9回裏 1死一、三塁、高原の適時打で1点差に詰め寄る

岐阜第一＝6回表 2死一、二塁、田村の中前打で生還する糀谷。捕手森

岐阜第一＝9回表 2死、この日2本目の本塁打を放つ阪口

【岐阜第一】	打安点
㈥左岡　本（中　宮）	4 1 0
㈢　島　辺（貝塚一）	4 1 3
㈸中柴　崎（伊丹西）	5 0 0
㈠投阪　口（京都・田辺）	5 4 3
㈡　糀　谷（野洲北）	2 0 0
(右)　早　川（登　龍）	4 1 0
(捕)　田　村（青　垣）	4 2 3
捕　　楠（江　陽）	0 0 0
(遊)　中　嶋（岐阜西）	3 2 0
(左)　西　村（稲　枝）	3 0 0
一　高　松（大阪・中野）	1 0 0

振球犠盗失併残
7 13 2 1 0 3 13　　35 11 9

【帝京大可児】	打安点
(右)　谷　口（篠　目）	4 2 1
(捕)　　森（瑞　浪）	4 0 0
㈥　犬　塚（西尾東部）	4 0 0
㈢　山　本（西　尾）	4 1 1
(左)投加藤翼（金　山）	4 0 1
㈡　高　橋（西可児）	4 2 2
㈠　高　原（みよし北）	5 4 2
走　田　中（城　南）	0 0 0
(遊)　磯　部（清　州）	3 1 1
打　樋　笄（八　風）	1 0 0
㈸　足　立（藍　川）	0 0 0
投左平　良（陶　都）	3 2 1

振球犠盗失併残
5 8 0 0 1 0 8　　36 12 9

投手	回	安責
柴　崎（伊丹西）	5	10 7
阪　口（京都・田辺）	4	2 2
足　立（藍　川）	$1\frac{2}{3}$	3 5
平　良（陶　都）	$5\frac{1}{3}$	7 3
加藤翼（金　山）	2	1 1

▽本塁打　阪口2、島辺（岐）▽二塁打　谷口、山本（帝）▽暴投　阪口（岐）
試合時間　2時間54分

7月31日付

岐阜第一 粘闘

岐阜第一 10－9 帝京大可児

岐阜第一×帝京大可児＝6回表岐阜第一2死一、二塁、田村が勝ち越しの中前適時打を放つ＝長良川（撮影・堀尚人）

最後の最後までもつれた接戦を岐阜第一が制した。

岐阜第一は阪口や島辺の本塁打などで四回までに7得点。一度は追い付かれたが、六回に田村の適時打で勝ち越すと、九回に阪口のこの日2本目の本塁打で突き放した。

帝京大可児は一時は7点差を追い付き、九回も2点を返し1点差に迫る粘りを見せたが、あと一歩届かなかった。

昨秋の雪辱、成長証明

大勝ムードから一転、一気に追い付かれる嫌な流れになりながらも、勝利を手放さなかった。岐阜第一は、昨秋の県大会でコールド負けを喫した帝京大可児に雪辱を果たし、夏の大会は3年連続の4強入り。田所孝二監督は「接戦になるとは思っていた。勝てて良かった」と粘り強く戦い抜いた選手をたたえた。

序盤に2本塁打などで一時7点リードを奪ったが、五回に一挙7失点。「最初はコールド（勝ち）かなとも思った。油断があった」と指揮官は苦笑いするが、ここで選手は慌てず態勢を立て直した。

追い付かれた直後の六回、2死一、二塁とすると、四回にも2点適時打を放っていた田村快。「何とかしたかった」とダブルエースの一角・平良拳晨のスライダーを捉え、勝ち越しにつなげた。「捕手として（7失点に）責任を感じていたので」とバットでチームに貢献した。

九回には4番阪口樂が、プロ注目右腕・加藤翼の149キロの直球をライトスタンドにたたき込む、この日2本目の本塁打で突き放した。昨秋は抑え込まれた2投手からしっかりと得点を奪い、チームの成長を結果で示した。

一つの山を越えたチームは、2年連続で涙をのんでいる準決勝の「壁」に挑む。阪口は「一戦必勝で戦う」とシンプルな言葉の中に強い決意を示した。

（玉田健太）

8回表、気迫あふれるピッチングを見せる帝京大可児の主戦加藤翼

意地の153キロ 悔い残さず

帝京大可児・加藤翼

今大会ナンバーワン投手の夏が終わった。帝京大可児の加藤翼はプロのスカウトも見守る中、八回から登板。こだわりのある真っすぐで勝負を挑んだ。「思い切ってできてよかった」。涙はなかった。

九回、2死から4番打者と相対すると、ギアが上がった。151キロ、150キロを計測。だが3球目の149キロは完璧に捉えられ、右翼席まで運ばれてしまう。マウンド上で口元を結び「自分の力がなかった」。

右手の人さし指にできたまめの影響で万全ではなかった。それでも、次打者では、さらに球速表示を高めて意地を見せる。「高校生活最後の気持ちで全力で投げた」。自身最速タイの153キロで空振り三振を奪って叫びながらマウンドを降りた。

入学時は130キロにも満たなかったという。「誰にも負けたくない気持ちで練習してきた」と胸を張る加藤翼。進路については「プロ一本で勝負していく」と明言した。「（打者が直球が来ると）分かっていても抑えられるボールを投げられる投手になりたい」

（野田祐治）

帝京大可児＝8回表 気迫に満ちたピッチングをみせる主戦加藤翼

帝京大可児＝9回裏 1死一、三塁、タッチアップした三走高橋が本塁でタッチアウトになり試合終了

帝京大可児＝1点差負けに肩を落とす選手たち

岐阜第一＝接戦を制し喜ぶナイン

準々決勝

3－1 7月30日

大垣日大 3－1 美濃加茂

大垣市北公園野球場

	1	2	3	4	5	6	7	8	9	計
大垣日大	0	1	1	0	1	0	0	0	0	3
美濃加茂	0	0	0	0	0	1	0	0	0	1

大垣日大 9回満塁のピンチしのぐ

大垣日大＝1失点完投し、柄沢とハイタッチする山本（左）

大垣日大＝3回表 2死一塁、中越え適時三塁打を放つ清水

美濃加茂＝6回裏 無死、チームにとって唯一の得点となったソロ本塁打を放つ吉田友

美濃加茂＝3回表 1死一塁、角田の三邪飛を捕る石神

美濃加茂＝6回表、大垣日大の攻撃を無失点で切り抜け、声を張り上げる守屋

【大垣日大】		打安点
(二)	木　原（有　松）	4 3 0
(三)	角　田（愛知・東郷）	4 0 0
(捕)	清　水（春日井西部）	4 1 1
(右)	柄　沢（愛知・志賀）	3 1 1
(中)	久　場（静岡・金岡）	4 1 1
(左)	権　田（豊川一宮）	4 0 0
(一)	田　辺（坂　祝）	4 3 0
(遊)	山　口（千　郷）	3 0 0
(投)	山　本（愛知・上野）	4 1 0

振球犠盗失併残
5 2 2 1 0 1 8　　34 10 3

【美濃加茂】		打安点
(左)	吉田友（江　並）	3 1 1
(三)	石　神（坂　祝）	3 0 0
(捕)	守　屋（美加東）	4 1 0
(中)	水　野（豊　山）	4 0 0
(右)	細　江（下　呂）	4 0 0
(遊)	藤　村（美加西）	3 2 0
(二)	平　田（緑ケ丘）	4 1 0
(一)	林　龍（東長良）	1 0 0
打	種　倉（笈　瀬）	1 0 0
一	木　辺（坂　祝）	0 0 0
打	阿　部（美加東）	1 0 0
一	吉田快（美加東）	0 0 0
(投)	村　瀬（蘇　南）	2 0 0
打	鷲　見（黒　川）	1 0 0
投	野　中（八百津）	0 0 0

振球犠盗失併残
9 3 0 0 0 0 6　　31 5 1

投　手	回	安責
山　本（愛知・上野）	9	5 1
村　瀬（蘇　南）	8	9 3
野　中（八百津）	1	1 0

▽本塁打　柄沢（大）、吉田友（美）▽三塁打　清水（大）▽二塁打　田辺（大）、藤村（美）
試合時間　2時間10分

美濃加茂＝5回表 マウンドの村瀬のもとへ駆け寄るナイン

大垣日大＝2回表 無死、先制ソロ本塁打でホームを踏み、笑顔をみせる柄沢

美濃加茂＝8回3失点と力投した先発村瀬

大垣日大 3―1 美濃加茂

大垣日大がリードを守り抜き、接戦を制した。

大垣日大は二回、柄沢の左越えソロで先制。三回は清水の適時三塁打、五回は二死満塁から久場が適時内野安打を放ち得点を重ねた。投げては山本が5安打1失点で完投した。美濃加茂は六回に吉田友が左越えソロを放ち、九回も2死満塁まで攻め立てたが及ばなかった。

○大垣日大・柄沢壮太郎右翼手（二回に先制ソロ）前の試合はふがいない姿を見せてしまったので、きょうは何としてもチームの勝利に貢献したかった。残りの試合も投打で結果を残したい。

7月31日付

大垣日大〝投魂〟全開

美濃加茂×大垣日大＝1失点で完投した大垣日大、山本＝大垣北（撮影・亀山大樹）

ピンチでも堂々、山本完投

輝いた夏

九回裏2死満塁。リードは2点。一発長打が出ればサヨナラの場面で、マウンド上の大垣日大・山本隆太は笑っていた。「打たれる気はしなかった」。渾身（こんしん）

血行障害に負けず

の直球で最後の打者を一ゴロに打ち取り、131球の熱投で公式戦初先発を完投で飾ると、「最後まで楽しく投げられました」と満面の笑みで手に汗握る一戦を振り返った。

「この夏に懸けていた」。開口一番、決意を込めて語り出したように、まさに大けがを乗り越えてたどり着いたマウンドだった。新チーム発足直後に右手に血行障害を発症し、冬場に手術。5月にようやく投球練習を再開し、調整期間は2カ月だけだったが、「どうしても投げたかった」と気力で夏に間に合わせた。

そして巡ってきた先発のチャンス。燃えないわけがない。球種は140キロ近い直球とブレーキの効いたスライダーのほぼ2種類だが「自分の良さを存分に出せた」と、打者に考える隙を与えない速いテンポでアウトを重ね、気付いたら最終回。最後は絶体絶命のピンチを招いたが、阪口慶三監督が「落ち着いていた」とたたえたように、きっちり27個目のアウトを奪い、ベスト4へ導いた。

「次もマウンドに立ったら自分がエースのつもりで投げる」。2年ぶりの夏の頂点まで残り2戦、山本の力は必ず必要になる。

（村井樹）

美濃加茂

磨いた打撃 一歩及ばず

6回裏美濃加茂、ソロ本塁打を放ち、ベンチの仲間と肘タッチする吉田友

「終盤に強い俺たちなら大丈夫」。2点差の九回、リベンジに燃えていた美濃加茂ナインは誰一人諦めるはずがなかった。2死満塁。サヨナラの絶好機をつくったが無情にも、昨秋に続き準々決勝で同じ大垣日大の前に屈した。

「悔しかった。練習では終盤を意識し粘り強さにこだわった」と振り返ったのが、六回に左越えソロを放った吉田友輝也。昨秋の大垣日大戦は0―6の九回に一挙5得点したが及ばず、冬場は例年以上に振り込んだ。成果は今夏、結果に表れた。4回戦まで計62安打41得点。一層、打撃に自信を持っていたからこそ最後の攻撃前は「ここからだ」と自然に声が上がった美濃加茂ベンチ。だが、またもあと一歩でつかめなかった勝利。特別な夏でも本気で優勝を目指していたからこそ、試合後は涙が止まらなかった。

「よくやったの一言に尽きる。後輩にはよいものを残してくれた」とこれ以上ない言葉をかけたのが高橋陽一監督。リベンジは後輩へ託された。

（高橋夏帆）

準々決勝

7 - 5
大垣北 岐阜聖徳
7月30日
長良川球場

	1	2	3	4	5	6	7	8	9	10	計
大垣北	0	1	4	0	0	0	0	0	0	2	7
岐阜聖徳	0	0	0	0	3	0	0	1	1	0	5

（延長10回 10回からタイブレーク）

大垣北 タイブレーク競り勝つ

大垣北＝3回表 無死一塁、悪送球をついて一走馬渕が捕手をかわし生還

大垣北＝2回表 無死一塁、萩原の二塁打で先制

岐阜聖徳＝先発した橋本

岐阜聖徳=9回裏 2死満塁、牧野の適時打で同点、タイブレークに

大垣北＝延長10回表 2死二、三塁、右前適時打で決勝点となる2点を奪い、ガッツポーズする成瀬

【大垣北】		打安点
㈥	田　宮（神　戸）	5 0 0
㊂	馬　淵（神　戸）	4 0 0
㈠投	竹　村（城　南）	5 3 0
㊧	野　田（北　和）	4 0 0
(遊)	久　世（星　和）	3 0 0
㈡	大　橋（西　部）	3 0 0
(捕)	山　田（神　戸）	4 2 2
(投)	萩　原（西　部）	2 2 2
一	成　瀬（池　田）	2 1 2
㊨	和　藤（神　戸）	5 2 0

振球犠盗失併残
10 6 2 1 4 1 10　　37 10 6

【岐阜聖徳】		打安点
㈥	牧　野（加　納）	6 3 1
㊧	前　田（羽　島）	5 1 1
(遊)	山　田（岐阜西）	5 3 1
㊨	山　角（尾西一）	5 1 0
㈠	馬　場（江南北部）	4 0 1
(捕)	松　倉（羽　島）	5 0 0
㈡	西　願（池　田）	3 0 0
打	渡　辺（羽　島）	1 0 0
二	松　岡（池　田）	0 0 0
㊂	立　木（大垣南）	3 2 0
走	栗本啓（緑ケ丘）	0 0 0
三	栗本陸（本　荘）	0 0 0
打	榎　園（高　富）	0 0 0
走三	今　井（　奥　）	0 0 0
(投)	橋　本（不　破）	0 0 0
投	小　山（稲沢西）	0 0 0
打	木　下（東長良）	1 0 0
投	稲　葉（長　良）	3 1 0

振球犠盗失併残
7 8 1 1 2 1 17　　41 11 4

投手	回	安責
萩　原（西　部）	$4\frac{2}{3}$	5 2
竹　村（城　南）	$5\frac{1}{3}$	6 1
橋　本（不　破）	$2\frac{2}{3}$	3 3
小　山（稲沢西）	$2\frac{1}{3}$	2 1
稲　葉（長　良）	5	5 0

▽三塁打　山田（大）▽二塁打　萩原、山田（大）山田（岐）▽ボーク　萩原（大）▽捕逸　松倉（岐）
試合時間　2時間42分

大垣北＝先発した萩原

大垣北＝2回表 無死1塁、萩原の二塁打で生還した一走山田

大垣北 10回執念

タイブレーク 岐阜聖徳無念

大垣北 7―5 岐阜聖徳

大垣北が延長十回、タイブレークの末に競り勝った。

大垣北は九回に守備が乱れて同点とされたが、十回に成瀬が右前に勝ち越しの2点適時打を放った。五回途中から救援した竹村が走者を背負いながらも力投した。

岐阜聖徳は九回2死から満塁とし牧野の適時打で追い付く粘りを見せたが、十回の好機は生かせなかった。

●岐阜聖徳・牧野麟主将 後半勝負だと思っていたので、リードを許しても焦りはなかった。粘り強い野球は出せたと思う。（2番手の竹村投手は）タイミングが取りづらく、打ちにくかった。

大垣北×岐阜聖徳＝９回裏、力投する大垣北の竹村＝長良川

好リリーフ 逆転許さず

大垣北・竹村

エースに頼らず、27年ぶりの夏4強入りを果たした。大垣北は五回途中から救援した竹村和が勝利を呼び込んだ。

2点を返されなお2死満塁、しかも5番打者の1ボールで出番がやってきた。一塁の守備位置からマウンドへ。この打者には四球を与えて押し出しで1点を献上したが、直後を含め3度の満塁機をしのぎ勝ち越しは許さなかった。

九回2死から追い付かれたが、チームはタイブレークの十回表に勝ち越した。「抑えてヒーローになるだけ」。気持ちを引き締め直し1死二、三塁の窮地を切り抜けた。

1年の冬に「下半身をうまく使って投げられる。球の伸びがよくなった」と、投球フォームを下手投げに変えた。相手の打者を惑わし、右腕は120キロに満たない直球に90キロ台の変化球を織り交ぜて力投した。

連戦だった。主将も務める大黒柱の左腕安藤透は前日に完封していた。温存することができ、背番号3は「次の中京戦で透に投げてほしかった。（先発の萩原惇徳と）2人で投げ切れてよかった」と表情を緩めた。

（野田祐治）

7月31日付

大垣北＝熱戦を制したナイン

岐阜聖徳＝グラウンドへ駆け出すナイン

準々決勝

13-1

中京　大垣養老

7月30日

大垣市北公園野球場

	1	2	3	4	5	6	7	計
中京	0	3	0	0	0	7	3	13
大垣養老	0	0	0	0	0	1	0	1

（7回コールド）

中京　13点大勝

中京＝6回2／3を1失点に抑えた先発小田

【中　京】		打安点
㈥一滝　野	（江井島）	２２３
㈲　猿　渡	（旭ケ丘）	４２２
㈧中　元	（平　和）	４２２
㈼三小　田	（四　谷）	３０１
㈿　浦　川	（三重・神戸）	５１２
㈹　渡　辺	（蘇　南）	３２０
㈠　根　津	（東　山）	３２１
打　永　野	（矢作北）	１１２
左　吉　田	（那　加）	０００
㈡　魚　川	（奈良・三郷）	４２０
㈢　岩　木	（小野南）	４１０
投　吉　永	（愛知・柏原）	０００

振球犠盗失併残
５７１０３２７　331513

【大垣養老】		打安点
㈿　中村泰	（大垣西）	４００
㈢　萩　野	（養東部）	４００
㈲投国　枝	（江　並）	３１０
㈥右松　浦	（高　田）	３２０
㈠　河　村	（日　新）	３１１
㈼　志　賀	（江　並）	０００
投　三　輪	（養東部）	１００
投　木　村	（大垣東）	０００
打左竹　下	（大垣南）	１００
㈹　菱　田	（養東部）	３００
㈧　中村凪	（大垣南）	２００
打　松　井	（輪之内）	１００
中　栗　田	（養東部）	０００
㈡　伊藤真	（興　文）	１００

振球犠盗失併残
６３００１１７　26４１

投　手		回	安責
小　田	（四　谷）	$6\frac{2}{3}$	４１
吉　永	（愛知・柏原）	$\frac{1}{3}$	００
志　賀	（江　並）	$\frac{0}{3}$	００
三　輪	（養東部）	$5\frac{2}{3}$	11６
木　村	（大垣東）	$\frac{1}{3}$	３４
国　枝	（江　並）	１	１３

▽三塁打　滝野（中）松浦（大）▽二塁打　渡辺２、猿渡、元（中）国枝（大）▽暴投　小田（中）
試合時間　２時間３分

大垣養老＝1回表 無死一、二塁、三塁手荻野の送球で一走をタッチアウト

中京＝6回表 2死一、二塁、走者一掃の2点適時三塁打を放つ滝野

大垣養老＝6回裏 無死一、三塁、右前に適時打を放つ河村

中京＝2回表 1死二塁、先制の右前適時打を放つ根津

中京 一気の集中打

大垣養老 踏ん張れず

中京×大垣養老＝6回表中京2死一、二塁、相手を引き離す右越えの2点適時三塁打を放つ滝野＝大垣北

中京 13－1 大垣養老

中盤以降に大量得点した中京が七回コールド勝ち。

中京は3点リードの六回、2死一、二塁から滝野、猿渡の連続適時打など、打者12人の猛攻で一挙7得点。七回は元の2点二塁打と小田の犠飛でコールド勝ちした。先発小田は切れのある直球主体に6回$\frac{2}{3}$ 1失点。大垣養老は六回に河村が適時打を放ったが、投手陣が踏ん張れなかった。

○中京・小田康一郎投手（先発として6回$\frac{2}{3}$ 1失点）

準備通りの投球をすることができた。投手としての内容はよかったが、打撃は4番として結果を残せなかったので反省している。

●大垣養老・河村将聖一塁手（六回に唯一の適時打）

自分たちの良さである粘り強さを発揮することができた。最後は点差が付いてしまったが、最後までやり切れたので悔いはない。

滝野、口火の適時打 中京

二回に3点を先取したが、その後は好機で一本が出ず、守備でも五回までに3失策。漂いだした重苦しい雰囲気を一掃し、一気に試合を決める流れをつくったのが、強力中京打線の切り込み隊長・滝野真仁。4回戦のサヨナラ打に続きこの日も2安打3打点と存在感を示した。

「粘り強い打撃が持ち味」と胸を張った通り、前試合のサヨナラ打も含め、この日の2安打も追い込まれてから。特に六回2死一、二塁で立った第4打席は「このままだと相手に流れがいきかねない」と、フルカウントから計ったかのように外角直球を右中間へはじき返し2点三塁打に。2死から一挙7得点の勢いを呼び込んだ。

これで4回戦から5打数連続安打、9打席連続出塁と1番打者として最高の結果を残し続けている滝野。「調子がいいのは自分でも分かる。今後も出塁にはこだわりたい」と、気を引き締め、さらなる活躍を誓う。（村井樹）

7月31日付

中京＝2回表 2死一、二塁、滝野に続く連打で3点差に引き離した猿渡

大垣養老＝3回表 2死二塁、根津の三ゴロを一塁へ送球する荻野

大垣養老＝試合開始の整列へと駆け出すナイン

中京＝試合開始の整列へと駆け出すナイン

準決勝

5 - 3

大垣日大 岐阜第一

8月1日

土岐市総合公園野球場

	1	2	3	4	5	6	7	8	9	計
大垣日大	0	1	0	0	0	0	3	1	0	5
岐阜第一	0	0	0	0	0	0	0	3	0	3

大垣日大 継投でしのぐ

大垣日大＝帽子を飛ばして力投する林晴

大垣日大＝岐阜第一に勝利し、歓喜する権田

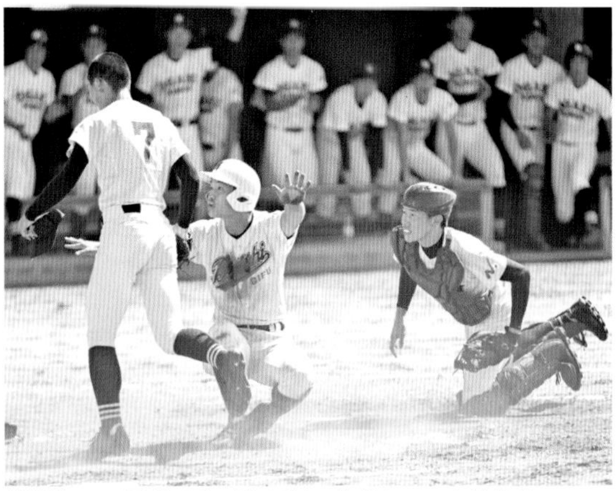

岐阜第一＝4回裏 2死二塁、田村の左前打で二走糀谷が本塁を目指すがタッチアウト

大垣日大＝7回表の攻撃を前に、ナインに指示を出す阪口監督

岐阜第一＝7回表 力投する柴崎

【大垣日大】

			打	安	点
(二)	木原	(有松)	5	2	0
(三)	角田	(愛知・東郷)	4	1	2
(捕)	清水	(春日井西部)	4	2	0
(右)	柄沢	(愛知・志賀)	3	1	0
投	山本	(愛知・上野)	1	0	0
右	林透	(松阪西)	1	0	0
(中)	久場	(静岡・金岡)	3	1	0
(一)	田辺	(坂祝)	3	1	0
(遊)	有村	(真正)	4	1	0
(左)	清田	(豊橋東部)	2	1	0
左	森	(鵜沼)	2	2	2
(投)	橋本	(福井・高浜)	0	0	0
投右投	林晴	(池田)	3	1	0
投	権田	(豊川一宮)	1	0	0

振球犠盗失併残
６２２０１０８　　36134

【岐阜第一】

			打	安	点
(中)	岡本	(中宮)	5	1	0
(三)	島辺	(貝塚一)	2	0	0
(投)	柴崎	(伊丹西)	4	2	2
(一)	阪口	(京都・田辺)	4	1	1
(二)	糀谷	(野洲北)	4	2	0
(右)	早川	(登龍)	2	1	0
(捕)	田村	(青垣)	3	1	0
(遊)	中嶋	(岐阜西)	4	0	0
(左)	大野	(北城陽)	2	0	0
打左	増田	(太秦)	1	0	0
左	西村	(稲枝)	1	0	0

振球犠盗失併残
８３２００１７　　3283

投手		回	安	責
橋本	(福井・高浜)	$\frac{0}{3}$	1	0
林晴	(池田)	$5\frac{2}{3}$	3	0
山本	(愛知・上野)	$2\frac{0}{3}$	3	3
林晴	(池田)	$\frac{0}{3}$	1	0
権田	(豊川一宮)	$1\frac{1}{3}$	0	0
柴崎	(伊丹西)	9	13	5

▽本塁打　森（大）柴崎、阪口（岐）▽三塁打　清水（大）▽二塁打　木原（大）▽暴投　山本（大）▽ボーク　柴崎（岐）
試合時間　２時間20分

ここで打たれるわけにはいかない　　全員一生懸命やるいいチーム　　日々、練習してきたこと出せた

大垣日大

▽準決勝（第1試合・土岐）

大垣日大	010	000	310	5
岐阜第一	000	000	030	3

2年ぶりの頂点を目指す大垣日大が、継投で岐阜第一を振り切った。

大垣日大は二回、併殺の間に先制。七回に森の左越えソロと角田の2点中前打で突き放し、八回は再び森が適時打を放った。八回に2点差に迫られたが、2死一、二塁のピンチは救援した権田がしのいだ。

岐阜第一は八回2死二塁から柴崎が2ランを放ち、阪口が3試合連続の本塁打で続いたが、反撃が遅かった。

気迫 圧巻の火消し

権田 ピンチで三振切り

全力勝負

岐阜第一×大垣日大＝9回裏、最後の打者を打ち取り叫ぶ大垣日大の権田＝土岐（撮影・堀尚人）

「俺が抑えるしかない」。大垣日大の右腕・権田翼は、意を決したようにブルペンで気持ちを高ぶらせた。八回、快勝ムードから一転、2者連続本塁打で一気に2点差まで追い上げられ、なおも2死一塁。ここで一回途中から好救援し、右翼についていた左腕・林晴真を再びマウンドに戻すも、安打を浴び一、二塁。一発出れば逆転の場面を託されたのが、1年から大垣日大ブルペンを支えてきた権田だ。

「気持ちで押さえ込む」と意気込んでマウンドに立ったが、投球練習でも直球が走らない。生きたのが豊富な経験だった。相手打者が打ち気にはやっているとみると、切り替えて縦に落ちるスライダーを連投。4球で空振り三振に切って取り、大きな雄たけびを上げながら堂々とベンチへと引き返した。

何としてもこのピンチを切り抜けたいとの強い思いもあった。権田と林晴は、1年から大垣日大投手陣をけん引してきた仲であり、「あいつのためにもここで打たれるわけにはいかなかった」。九回もきっちり三者凡退で締め、夏は5年連続となる決勝の舞台へと導いた。

準優勝だった昨夏は背番号20でベンチ入りしたが決勝での登板はなく「今年こそチームの勝利につながる投球がしたい」と権田。相手は昨夏屈した中京。全てを懸けて腕を振る覚悟だ。（村井樹）

【大垣日大】

	打	安	点
[illegible]	[illegible]	[illegible]	[illegible]
振球犠盗失併残 6220108	36	13	4

【岐阜第一】

	打	安	点
[illegible]	[illegible]	[illegible]	[illegible]
振球犠盗失併残 8320017	32	8	3

投手	回	安	責
[illegible]	[illegible]	1	0
林晴	[illegible]	3	0
山本	2	3	3
林晴	[illegible]	1	0
権田	[illegible]	0	0
柴崎（伊丹西）	9	13	5

▽本塁打　森（大）柴崎、阪口（岐）▽三塁打　清水（大）▽二塁打　木原（大）▽暴投　山本（大）▽ボーク　柴崎（岐）
試合時間　2時間20分

岐阜第一 反撃及ばず

3番柴崎、意地の一発

執念が乗った本塁打だった。八回に3点を返した岐阜第一。2死二塁で打席に立った3番柴崎聖人が左中間への一発で反撃ののろしを上げた。

試合前まで11打数2安打。「前のめりで突っ込んでしまっていた。空回りしていた」と中軸の役目を果たせていなかった。六回に右前打で14打席ぶりの快音を響かせると、八回は真ん中の直球を逃さなかった。「逆方向に強い打球を打ちたいと思っていた。最後の最後に2本打ててよかった」と意地を見せた。

「実力不足。止めていれば結果も変わっていた。悔いが残る」。背番号は「8」ながら、3試合連続で先発のマウンドにも立っていた。終盤に失点し唇をかんだが、本格的に投手を始めたのは昨秋の県大会敗退後。そこから努力を重ねてきた。

「柴崎はセンスのある選手。よく頑張った」とたたえた田所孝二監督。打線が援護できず「5点取る気持ちで臨んでいた。取れなかったのが敗因」と振り返った。（野田祐治）

8回裏岐阜第一2死二塁、左中間に2点本塁打を放つ柴崎

●岐阜第一・糀谷輝杜主将　チャンスで打てず、自分が敗因だと思う。3年連続のベスト4。壁を崩せず悔しいが、秋に負けてから一からつくり直してきた。全員一生懸命やるいいチームだったと思う。

「背番号25」攻守で躍動

大垣日大・森

7回表大垣日大1死、ソロ本塁打を放つ森

例年なら見られない「背番号25」が輝いた。大垣日大の2年、森大也が攻守で試合の流れを引き寄せる働きを見せた。

四回裏1死一塁から守備で途中出場すると、いきなり見せ場が訪れた。2死二塁で自身の前に転がってきた左前打をつかんで、本塁にツーバウンドの好返球。走者を補殺し、同点を阻んだ。

そして七回は「思い切り振り抜いた」と外角のスライダーを捉え、逆方向の左翼席に一発。先制後、遠かった追加点をもたらし「1点が欲しい場面で打ててすごくうれしかった」。ダイヤモンドを一周しながら、力強く右拳を握った。

今大会が初めての公式戦といい、これが大会初打席だった。八回にも中前適時打の大当たり。今大会は例年より5人多い25人がベンチ入りできる。「普通の枠なら入らなかったと思う。日々、練習してきたことを出せた」。初々しい笑顔がはじけた。（野田祐治）

大垣日大＝7回表 1死、本塁打を放ちガッツポーズする森

大垣日大＝試合前、整列するナイン

岐阜第一＝試合前、整列するナイン

準決勝

8月1日

中京 7 - 0 大垣北

土岐市総合公園野球場

	1	2	3	4	5	6	7	8	9	計
中京	1	0	0	0	0	1	0	2	3	7
大垣北	0	0	0	0	0	0	0	0	0	0

中京 投打の軸活躍

中京＝6回表 無死、左中間にソロ本塁打を放つ元

大垣北＝9回表 中京の3、4番打者から連続三振を奪い、喜ぶ安藤透

大垣北＝4回裏 1死一塁、竹村に続いて安打を放つ野田

中京＝11三振を奪い完封した小田

中京＝1回表 1死三塁、元の犠飛で生還する三走滝野

【中　京】			打	安	点
(中)一	滝　野	(江井島)	5	4	1
(三)	岩　木	(小野南)	3	2	2
(遊)	元	(平　和)	4	2	2
(投)	小　田	(四　谷)	4	1	2
(捕)	渡　辺	(蘇　南)	3	1	0
(二)	浦　川	(三重・神戸)	4	0	0
(左)	吉　田	(那　加)	3	0	0
打	畠　中	(恵那東)	0	0	0
左	中　本	(愛知・宮)	0	0	0
(一)	根　津	(東　山)	2	0	0
打	魚　川	(奈良・三郷)	1	0	0
中	猿　渡	(旭ケ丘)	0	0	0
(右)	中　村	(南大沢)	3	1	0

振球犠盗失併残
４４４１００６　　32117

【大垣北】			打	安	点
(中)	田　宮	(神　戸)	4	0	0
(三)二	馬　淵	(神　戸)	3	0	0
打	伊　藤	(日　新)	1	0	0
(一)	竹　村	(城　南)	3	1	0
(左)	野　田	(北　和)	4	1	0
(遊)三	久　世	(星　和)	4	0	0
(二)	大　橋	(西　部)	3	1	0
遊	有　賀	(池　田)	0	0	0
(捕)	山　田	(神　戸)	2	0	0
(投)	安藤透	(巣　南)	3	0	0
(右)	和　藤	(神　戸)	2	0	0
打	安藤択	(星　和)	1	0	0
右	藤　井	(神　戸)	0	0	0

振球犠盗失併残
11２００１２５　　30３０

投手		回	安	責
小　田	(四　谷)	9	3	0
安藤透	(巣　南)	9	11	7

▽本塁打　元（中）▽三塁打　滝野（中）▽二塁打　滝野３、小田、岩木（中）▽暴投　小田（中）安藤透（大）
試合時間　２時間13分

大垣北 悔い残さず

進撃支えたエース安藤透力投

8回表中京無死、安打を許し会話を交わす大垣北の主戦安藤透と捕手山田

好守連発で野手も呼応

「エースで真っ向勝負して、みんなが必死に守り抜いた。全てを出し切れた」。大垣北は夏の大会で57年ぶりの決勝進出はならなかったが、近藤健二監督はナインの成長に満足そうな表情を浮かべた。

終盤に点差が広がってしまったものの、昨夏覇者相手に引き締まった試合を展開。力を存分にぶつけることができた。エース安藤透の好投があってこそだが、左腕は「真っすぐは（強力打線に）通用しない。カットボールを多めに使ってタイミングを外した」。バックも、遊撃手の久世空汰が強いゴロを逆シングルで捕れば、右翼手の和藤滉貴は好返球で本塁補殺。打たせて取る投球を支えようと、好守で応えた。

昨秋8強の進学校は今大会も6試合を経験し、27年ぶりの夏4強。「他の部活が引退し、勉強の不安がある中、最後までやり切ってくれた。3年生の底力のすごさを実感した」と近藤監督。堂々と胸を張れる快進撃だった。（野田祐治）

主砲 無心の一振り

輝いた夏

小田 終盤貴重な追加点

大垣北×中京＝8回表中京無死一、三塁、小田が中越え二塁打を放ち2点を追加＝土岐（撮影・堀尚人）

迷いを捨ててフルスイングした打球は悠々と中堅手の頭上を越えた。「一本出てよかった」。塁上で見せた安堵（あんど）の表情が物語っている通り、9打席ぶりの安打はリードを4点に広げる貴重な適時打となった。強力中京打線の4番・小田康一郎は「4番としてようやく貢献できた」と充実感を漂わせた。

昨夏の岐阜大会に残した打率は、1年ながら全試合先発出場で驚異の6割3分2厘。新チームからは4番を任され、今夏も昨夏同様の活躍が期待されたが「気負ってしまっていた」と、4回戦以降はわずか1安打。

この日も第3打席まで無安打だったが、無死一、三塁で巡ってきた八回の第4打席は「考え過ぎず、来た球に反応して打つことだけ意識した」。言葉通りに初球の真ん中寄りの直球を完璧に捉え、2点二塁打に。投げても3安打完封と投打で存在感を示し、橋本哲也監督は「投打で結果を残す難しさを痛感していると思うが、きょうはしっかりやってくれた」とたたえた。

甲子園へはつながらない独自大会でも、中京ナインが掲げてきたスローガンは「2連覇」。ようやく本来の姿を取り戻した小田は、決勝の舞台を見据えながらこれ以上ない言葉で締めくくった。「自分が打って、先輩たちを必ず優勝させます」。（村井樹）

去年と同じ相手 自分たちが勝つ

○中京・元謙太主将　（六回のソロは）それまで抑えられていた直球をしっかりと捉えることができた。完璧だった。決勝は去年と同じ大垣日大相手だが、自分たちが勝って連覇したい。

8月2日付

中京＝9回表 1死二、三塁、左翼線二塁打で2点を追加し、拳を突き上げる岩木

中京＝1回表 無死、左越え二塁打を放つ滝野。この試合で4本の長打を放った

試合前、整列する選手たち

大垣北＝9回裏 ベンチで打球の行方を追うナイン

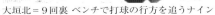

決勝

	1	2	3	4	5	6	7	8	9	10	11	計
大垣日大	1	0	0	1	0	0	0	1	2	0	1	6
中京	0	1	1	1	2	0	0	0	0	0	0	5

（延長11回、10回からタイブレーク）

名勝負制し、大垣日大優勝

大垣日大＝延長11回裏 2死、最後の打者から三振を奪い、ガッツポーズで優勝を喜ぶ権田

大垣日大＝延長11回表 2死二、三塁、頭から滑り込み決勝点につなげた木原

大垣日大＝9回表 1死一塁、同点2ランを放ち清水とタッチで喜ぶ角田

大垣日大＝1回表 2死、先制のソロ本塁打を放つ清水

大垣日大＝8回裏を抑えた権田を拍手で出迎える阪口監督

大垣日大 6-5 中京

8月2日

長良川球場

【大垣日大】			打	安	点
(二)	木原	(有松)	6	2	1
(三)	角田	(愛知・東郷)	6	2	2
(捕)	清水	(春日井西部)	5	3	1
(投)右	柄沢	(愛知・志賀)	5	0	0
(中)	久場	(静岡・金岡)	5	3	1
(一)	田辺	(坂祝)	2	1	0
投	山本	(愛知・上野)	0	0	0
打一	橋本	(福井・高浜)	1	0	0
打	林晴	(池田)	1	0	0
一	岩本	(各中央)	0	0	0
走	藤田	(浅井)	0	0	0
左	林透	(松阪西)	0	0	0
(左)一投	権田	(豊川一宮)	4	1	1
(遊)	有村	(真正)	1	0	0
遊	山口	(愛知・千郷)	1	0	0
(右)左	森	(鵜沼)	4	0	0
打一	渡辺	(浜松積志)	1	0	0

振球犠盗失併残
5 3 2 0 0 0 12　　42 12 6

【中京】			打	安	点
(中)一中	滝野	(江井島)	5	0	0
(二)遊二	畠中	(恵那東)	3	0	0
(投)遊	元	(平和)	4	3	0
(一)三投	小田	(四谷)	5	1	1
(遊)	浦川	(三重・神戸)	2	0	0
打	魚川	(奈良・三郷)	1	0	0
中	中村	(南大沢)	1	0	0
打	金城	(高江洲)	1	0	0
一	小谷	(神原)	0	0	0
走	田口	(長野・川上)	0	0	0
(右)	永野	(矢作北)	2	1	2
右左	中本	(愛知・宮)	1	0	0
打左	吉田	(那加)	1	0	0
(捕)	渡辺	(蘇南)	2	0	0
(三)二三	岩木	(小野南)	4	0	0
(左)右	猿渡	(旭ケ丘)	3	1	2

振球犠盗失併残
18 6 3 1 0 1 10　　35 6 5

投手		回	安	責
柄沢	(愛知・志賀)	5	5	5
山本	(愛知・上野)	2	0	0
権田	(豊川一宮)	4	1	0
元	(平和)	10	11	5
小田	(四谷)	1	1	0

▽本塁打　清水、角田（大）▽二塁打　権田（大）猿渡、元（中）▽暴投　柄沢（大）
試合時間　2時間55分

九回追い付きタイブレーク制す

大垣日大×中京＝スタンドへのあいさつを終え、優勝の歓喜に沸く大垣日大ナイン＝長良川

大垣日大 執念逆転V

主将木原 魂の決勝打

輝いた夏

11回激走 宿敵に雪辱

延長11回表大垣日大2死二、三塁、頭から滑り込み決勝点につなげた木原（撮影・堀尚人）

「どんな形でもいい。泥臭くてもいい。セーフになってくれ」。延長タイブレークにまでもつれた激闘に終止符を打ったのは、誰よりもリベンジに燃えていた大垣日大の主将・木原黎明だった。執念のヘッドスライディングで決勝点をもぎ取り「主将として勝利に導けて良かった」と、殊勲の一打に胸を張った。

同じ中京に屈して準優勝に終わった昨夏、唯一2年生で先発出場していたのが木原。リベンジを誓っていたが、迎えた九回は2点ビハインド。自身も無安打に抑えられていた。この回1死で回ってきた第5打席は「低めの球に対応したかった」と指1本分バットを短く持ち、プロ注目右腕・元謙太の変化球をうまく流し打ちし、左前打に。

この主将の一打をきっかけに、球場の雰囲気が変わり始めた。続く角田颯士が起死回生の同点2ラン。権田翼は気迫の投球で十回無死満塁を切り抜け、「あとは自分が決めるしかない」。十一回2死二、三塁。初球の直球を振り抜くと、打球は一、二塁間へ。決していい当たりではなかったが、頭から飛び込んで適時内野安打とし、阪口慶三監督も「最高のヒットだった」と拍手を送った。

甲子園にはつながらない夏の戦いだったが「あくまでも優勝だけを目指して戦えたこのチームを本当に誇りに思う」と木原。喜び合う仲間をそっと見つめる泥だらけの背番号4は、最後まで誰よりも頼もしかった。

（村井樹）

救援権田 炎の立役者

8回に登板し、4回を無失点に抑え勝利に貢献した大垣日大の権田（撮影・亀山大樹）

10回裏無死満塁フルカウント

真っすぐで押し切る

延長タイブレークに突入した十回裏。中京の先頭・元謙太に右前打を許すと、続く4番小田康一郎には3ボール1ストライク。押し出しでもサヨナラが決まる絶体絶命の場面で、大垣日大の3番手右腕・権田翼のギアが上がった。

「悔いは残したくない」と、この場面で選んだのは直球勝負。ファウルで粘られながらも7球続けて直球を投げ込み、最後は詰まらせて遊飛。次打者は浅い中飛、代打の左打者は全て直球で3球三振。見事無失点で切り抜け、直後の勝ち越しへつなげた。

昨夏は決勝での登板はなく「力になれなかったことが悔しかった」。思いをぶつけるようにこの日は継投した八回から力投し、強力中京打線相手に許した安打は1本のみ。十一回、最後の打者も143キロの直球で空振り三振に打ち取ると、マウンドに駆け寄ってきた仲間と喜びを分かち合った。

背番号1を付けるという目標はかなわなかったが、残した結果は計16回投げ防御率0・00。「これを自信に次のステップでも頑張りたい」。その表情はやり切った充実感であふれていた。

8月3日付

8月3日付

20年 夏季岐阜県高校野球大会

決勝

2020夏季県高校野球大会最終日は2日、長良川球場で決勝を行い、大垣日大が延長十一回タイブレークの激闘の末に中京を6―5で下し、2年ぶりに夏の頂点に立った。

大垣日大は土壇場九回に角田颯士の2ランで追いついた。夏の決勝では初の無死一、二塁で始まる延長タイブレークでは、十回に権田翼が無死満塁のピンチを切り抜け、十一回に主将・木原黎明の適時内野安打で勝ち越した。中京は六回以降1安打と、自慢の打線がつながらなかった。

優勝した大垣日大は17日、同球場で行われる三重県の独自大会優勝校との交流試合に出場する。

▽決勝（長良川）

大垣日大	100	100	012	01	6
中　京	011	120	000	00	5

（延長十一回、十回からタイブレーク）

大垣日大が試合終盤の同点、勝ち越し劇で、延長十一回タイブレークの激闘を制し、2年ぶりの夏の県王者に輝いた。

大垣日大は3点ビハインドの八回、久場の適時打で2点差に迫ると、九回には角田の2ランで同点。延長十一回2死二、三塁で主将木原が決勝の適時内野安打を放った。投げては六回から山本、権田が好救援を見せた。

中京は、五回までに小刻みに得点を重ねたが逃げ切れず、延長十回には無死満塁の絶好のサヨナラ機をつくったが生かせなかった。

○大垣日大・阪口慶三監督　夢かなと思うくらい、本当に一生の思い出に残る試合内容だった。最後は楽しいを通り越してひやひやドキドキ、両手を合わせて祈ってた。この試合に立ち会えたこと、采配を振れたことをうれしく思う。3年生にはご苦労さんと伝えたい。

●中京・橋本哲也監督　接戦になるのは想定内だったし、終盤にもつれるのも予想していた。負けは私の責任。でも3年生は完全燃焼できたと思う。全てを出し切ってくれた良い大会だった。新チームでは粘り勝ちできるようにしていきたい。この負けは必ず生きるし、生かしていく。

大垣日大＝3回裏 1死一塁、挟殺プレーで一走を挟む

中京＝2回裏 2死二塁、猿渡の二塁打で同点に追いつく

8月3日付

中京「連覇」あと一歩

大黒柱・元、敗戦にも充実感

2年連続夏の王者まであと2死。手が届きかけた矢先、好投を続けていた中京のエース元謙太が投じた内角を狙った直球は、真ん中に入った。「自分の甘さが出たとしか言いようがない」と振り返った一球は同点本塁打に。「勝負強さが足りなかった」と一瞬悔やむ表情を浮かべたものの、「良い試合はできた。100％出し切れた」と充実感で汗をぬぐった。

全力勝負

「一回から死ぬ気で行くぞ」。試合前、チームメートに語りかけ、並々ならぬ決意で相手打線と対峙（たいじ）した。序盤から直球が走り連打を許さず、中盤以降はフォークもさえ、五～七回は三者凡退に仕留めた。「1イニング1イニング全力でいった」とマウンドで背番号1は躍動し、打っても3安打。エースとして主軸として、チームを引っ張った。

昨夏甲子園で4強入りした中京は新チームの始動が遅れ、昨秋の県大会は2回戦敗退。そこから「一人一人がチームのために何をすればいいか考えてやってきた」と冬のトレーニングを乗り越え、「集大成の大会でやってきたことは出せた」とチームは確かな成長を示した。今後は「野手で勝負したい」とプロ志望届を提出することも改めて明言。さらなる高みを目指す。

（玉田健太）

8回表、ピンチをしのぎ雄たけびを上げる中京の元

4番小田 悔しい夏

サヨナラ好機 直球に力負け

「直球で来る」―。延長十回無死満塁、3ボール2ストライク。絶好のサヨナラ機で打席を迎えた中京の4番小田康一郎は、相手投手の表情からそう悟り、フルスイングで立ち向かった。5球続けてファウルの末、最後も直球。「力負け」と認める飛球は、遊撃手のグラブに収まった。「打ちたかった」と悔やむ打席は、小田にとって今夏の最終打席となった。

岐阜大会は打率6割超、4強入りした甲子園では3回戦で勝ち越し打を放つなど躍動した昨年と異なり、思い通りにいかない「夏」だった。今大会も打率は3割を超えたが、「自分が打たなきゃと考え過ぎてしまっている」と2年生ながら4番に座る重責から本来の打撃はなりを潜めた。

「今年も頼りがいのある3年生ばかりで、恩返しができなかった。来年の結果で返したい」と小田。新チームを引っ張り、この悔しさを来年晴らす決意だ。

延長10回裏中京、無死満塁のチャンスで遊飛を打ち上げ、天を仰ぐ小田

中京＝4回裏 無死一、二塁、難しい球を犠打する岩木

中京＝8回表 投球の合間に笑みを浮かべる元

一球一球に拍手を送りながら応援する大垣日大の保護者たち

保護者「感動ありがとう」

一球一球 雄姿に拍手

「感動をありがとう」―。今大会は新型コロナウイルス対策のため、スタンドへの入場は保護者と控え部員に限られた。決勝を見守った両校の保護者らは、マスク姿で間隔を空けて席に座りながら、一球一球に拍手を送って子どもたちの全力プレーを目に焼き付けた。

優勝した大垣日大の林透亜の母智恵さん(49)＝三重県松阪市＝は「小さい頃から甲子園を目指して努力してきたので、独自大会だけど開催はありがたかった。子どもの集大成。見ていて感極まるものがある」と話した。試合は延長までもつれる熱戦となり「一球一球、ドキドキでした。子どもたちには感謝の気持ちでいっぱいです」と目を潤ませていた。

惜しくも敗れた中京の畠中慶二郎の母薫さん(50)＝恵那市＝は「応援を通して親としてできることは精いっぱいできた。何か壁に当たった時に乗り越えられる人になってほしい」と願っていた。（野田祐治）

8月3日付

試合終了後、互いに声を掛け合って健闘をたたえる大垣日大と中京の選手＝2日午前11時57分、岐阜市長良福光、長良川球場

野球ができた 前を向けた

県独自大会、熱戦の連続

甲子園に続かなくても「腐らず練習」

延長タイブレークの激闘の末、大垣日大の優勝で幕を閉じた2020夏季県高校野球大会。2日、岐阜市長良福光の長良川球場で行われた決勝戦を戦ったのが、昨夏まで12季連続対決（互いに6勝）するなど、ライバル関係の大垣日大と中京。夢舞台・甲子園には続かなくとも、両校は独自大会でも〝優勝〟のみを目指し、例年通り高いモチベーションを維持して特別な夏を戦い抜いた。

5月20日。夏の甲子園大会の中止が決まったが、大垣日大・阪口慶三監督、中京・橋本哲也監督ともに決して慰めの言葉は掛けなかった。それよりも「高校、大学を卒業して社会に出ればたくさんの苦難がある。この悔しさは必ず君らを強くする。前を向け」と声を掛けたのが橋本監督。主将の元謙太も「監督の言葉で今やるべきことを全力でやり通そうと思えた」と当時を振り返る。

独自大会の開催が6月4日に決まると、「優勝しか目指さない」と阪口監督はすぐさまナインを鼓舞した。主将の木原黎明も「まずは3年生に『気持ちを切らさずに戦おう。今まで真剣にやってきたのに、ここで崩れてしまったら意味がない』と言葉を掛けた」。

勝ちにこだわる覚悟は行動で示した。例年はオフ期間に行う恒例の地元・金生山での走り込みは、大会直前まで敢行。試合当日でも午前4時から練習することもあり、下級生からは「甲子園がないのにあそこまで練習してる先輩が負けるはずがない。ほんとにすごい」と驚きの声が聞かれた。

一方の中京・橋本監督。常々口にしてきたのが「例年の夏と同じ気持ちで戦わせる」。これには「思い出づくりではなく、勝つための厳しさ、夏の大会の厳しさを教える」という意味も込められていた。言葉通り、3年生20人は初戦と決勝戦は全員ベンチ入りしたものの、その他の試合では「勝負の世界の厳しさも伝えなければいけない」と、実力主義でベンチ入りの25人を選び、外れた3年生の中には涙する選手もいた。

「今日の決勝以外の試合もすごく燃えて締まったゲームばかりだった。その最後が大垣日大と中京の素晴らしい試合だった」と阪口監督は総括した。コロナ禍の中行われたこの大会。両校にとっては、強豪校としての自覚とプライドを守り、示した特別な夏だった。（村井樹）

8月3日付

コロナ禍の出場辞退、長雨で進まぬ日程

高野連、苦境の中の運営

大会総評

夏の決勝は過去5年で4度目となる対決となった大垣日大と中京。近年の県高校野球界をけん引する両校の対決にふさわしい、延長タイブレークにまでもつれた一戦は、大垣日大が制して2年ぶりに夏の頂点に立った。強豪私学に交じり4強の中に大垣北が残ったことも印象的な大会となった。新型コロナウイルス感染拡大の影響でさまざまな制約がある中始まった県独自の大会。2日に決勝戦を行い全ての日程を終えたが、ここに至る道のりは決して平たんではなかった。

5月までの休校で、各校とも練習時間を十分確保できない状況で迎えた開幕も、当初は7月11日を予定していたが、記録的な大雨が続き1週間遅れの19日に。その後も雨の影響で日程がずれ込み、予備日もほとんど消化するなど、これ以上中止が続けば決勝まで行えない可能性もあった。

加えて野球部員以外の生徒のコロナ感染が確認される高校が相次ぎ、結果的に優勝候補だった県岐阜商と、瑞浪の2校が出場を辞退。県高野連の鈴木健会長が「これ以上ひどくなったら最後まで行わず、各校1試合のみや、やめるという考えもあった」と明かしたように、まさに綱渡り状態の運営だった。

大会終了時点では選手や指導者らのコロナ感染は確認されていない。鈴木会長は「今後2週間の様子をみないとまだ成功とはいえない」と語気を強めたが、試合前2週間の行動履歴や検温などの健康チェックシートの提出、各球場入り口のアルコール消毒の設置など、県高野連の徹底的な感染予防が功を奏したとはいえる。

すぐさま来春の選抜へと続く秋の大会が始まる。鈴木会長は「この夏をモデルに、感染症と向き合いながら秋も大会運営していければ」と締めくくった。（村井樹）

8月3日付

大垣日大＝スタンドに帽子を振って喜ぶナイン

出場全61チーム
チーム紹介

メンバー表は、左から氏名、学年、出身中学校。学年の●数字は主将
7月10日付　岐阜新聞に掲載した写真と情報を使用

校　長 折戸敏仁
部　長 八代周士
監　督 北川英治
記録員 服部咲

後藤路翔	❸	美山
長屋達大	3	加納
横川桜介	3	青山
日比野太郎	3	各中央
福田一稀	3	羽中央
古田祐大	3	陽南
橋本淳史	3	神戸
井藤優	3	梅林
仙石碧輝	3	稲羽
久保田裕太	3	緑陽
伊藤颯太	3	羽島
雨堤健太	3	境川
堀部貴徳	3	美加東
遠藤創一	2	大垣北
御宿稜大	2	那加
大野開世	2	青山
高木渉夢	2	岐清流
森崚誠	2	岐聖付
田中健太郎	2	三輪
中村悠太郎	2	青山

校　長 鈴木健
部　長 松岡浩太
監　督 近藤潤一
記録員 中井晴香

林壮真	3	緑陽
佐野光之助	❸	伊自良
部田圭祐	3	境川
牧田和輝	3	那加
高橋優志	3	笠松
猪飼宗樹	3	境川
堀雄貴	3	岐南
加藤郁人	2	岩野田
林優真	2	梅林
日比翼	2	精華
清水康史	2	北方
北川幸成	2	羽島
島田祐作	2	笠松
山岸弘暉	2	梅林
永田羅偉	2	岐大付
国井嶺至	2	岐清流
山本和輝	2	本荘

校　長 髙田広彦
部　長 野村淳
監　督 真船拡
記録員 臼井美奈
河村留奈
武山由依

山本寛太郎	❸	緑陽
伊藤颯吾	3	美加西
岩田康志	3	境川
國井飛悠吾	3	糸貫
原渉悟	3	鵜沼
野々田真一	3	東長良
古田昇平	3	緑陽
永井省伍	3	精華
加藤良真	3	東長良
小﨑雄太	3	笠松
小﨑翔太	3	笠松
三島拳乃介	2	梅林
小西裕一郎	2	美加東
尾関航太朗	2	川島
髙木将登	2	笠松
鷲見匡晴	2	岐阜西
石原健太郎	2	陽南
森信輔	2	羽島
大野悠真	2	長森
川出翔太	2	岐南
河田力真	2	長森南
日比野祐大	2	境川
川上澄青	2	緑陽

校　長 小椋博文
部　長 松岡達也
監　督 三輪一弘
記録員 奥田琴音

小瀬木晴真	3	岐南
高橋那央也	3	北方
洞口修至	3	東長良
鷲見陸人	3	高富
大堀詩門	❸	伊自良
波多野圭汰	3	北方
古田凌一朗	3	梅林
岩松亮汰	3	岐大付
小西颯太	3	日枝
西山翔貴	3	厚見
伊藤栄斗	3	岐中央
藤村光瑠	3	中島
志岐魁斗	3	巣南
増田拓海	3	岐清流
渡部貴大	3	境川
新川圭祐	2	各中央
岡山大聖	2	高富
丹羽啓輔	2	笠松
古田大喜	2	島
大杉蓮	2	本荘
高坂京介	2	藍川北
牛丸慶	2	岐清流
早瀬優	2	北方
佐々木玲伸	2	長森
南部幹太	2	島

校　長 園部栄子
部　長 小島隆史
監　督 繁原遼
記録員 岸田真奈

神谷侑史	3	岩野田
臼井亮太	3	高富
蒲拓己	3	岩野田
杉本拓也	3	島
山田陽斗	3	高富
小木曽幹太	3	三輪
山本海翔	3	蘇原
小林大輝	3	三輪
遠松憂人	3	境川
福井虹輝	3	東長良
籔本健太	❸	本巣
長友海斗	3	岐北
藤吉良太朗	3	三輪
柴山竣希	2	鵜沼
上野兼新	2	真正
平尾浩誠	2	陽南
広瀬優志	2	岐中央
青木和馬	2	精華
山口直洋	2	各中央
山田峻也	2	糸貫
永縄智也	2	稲羽
関柾人	2	加納

校　長 森保
部　長 須賀崇仁
監　督 鷲見暁国
記録員 永井こころ

西村竣佑	3	美山
古川晴貴	3	高富
奥村健太郎	3	稲羽
豊田光	❸	穂積
石原稜大	3	岐阜西
岡田京馬	3	東安
島澤宗汰	3	岐南
畑野晃斗志	3	各中央
安田拓真	3	梅林
尾崎太地	3	岐南
金子知暉	3	大和
長廣清生	3	笠松
真鍋奨	3	小金田
森将太	3	高田
柴田健斗	3	境川
林健太郎	3	竹鼻
吉川直希	3	桑原学園
岩佐考太郎	2	長森南
田上隆之介	2	高富
臼井琢馬	2	長良
山下武蔵	2	宮

校　長 堀修
部　長 加藤勝彦
監　督 西村賢
記録員 加藤由菜

井上雄斗	3	青山
堀勝翔	❸	境川
棚橋瑞冴	3	羽中央
吉村慎太郎	3	竹鼻
大熊佑樹	3	陽南
三木裕斗	3	中萩
堀田雅人	3	陽南
佐藤裕哉	3	糸貫
沢井太一湧	3	各中央
立川和貴	3	岐阜西
山岸勇輝	3	高富
吉村駿希	3	境川
大杉颯右磨	3	本荘
小栗大和	2	真正
佐藤翼早	2	精華
木崎武人	2	下有知
曽木陽翔	2	穂積
高瀬賢成	2	高富
徳永仁之助	2	境川
河野飛琉	2	穂積北
田中寛太郎	2	穂積
田中涼誠	2	岐北
坂口翔悟	2	岐南
山田凌爾	2	竹鼻
島塚圭佑	2	岐北

岐阜城北

校　長 正村達裕
部　長 篠田祥史
監　督 秋田和哉
記録員 村木那奈美

矢野拳聖	3	笠松
田中伸	3	美山
宇野愛弥	3	高富
神戸大地	3	平田
森田凜	3	笠松
森本浩由	3	羽島
伊藤大悟	3	三輪
山口栞太	❸	高富
足立旺士朗	3	小金田
安江翔太郎	3	旭ケ丘
神田雄太朗	3	岐北
小川智也	3	島
田中大翔	3	高富
川島大空	3	岩野田
山田悠弦	3	長良
長尾一聖	3	高富
稲葉隆心	3	岐北
加藤亮汰	3	岐中央
土田翔也	3	高富
森優斗	3	青山
金山颯斗	3	緑ケ丘
仙石唯人	3	島
山口航輝	3	美山
松岡孝樹	3	藍川東
西村翔馬	3	高富
村瀬立樹	3	岐北
白石豊	3	岩野田
前平孝大	3	美山
中村陽彩	3	本荘

岐阜聖徳

校　長 林俊彦
部　長 林範和
監　督 棚橋祐司
記録員 加甲ゆい
柳瀬柚月

稲葉孝介	3	長良
栗本啓次朗	3	緑ケ丘
榎園悠斗	3	高富
深町駿也	3	祖父江
栗本陸	3	本荘
山田真大	3	岐阜西
木下恭輔	3	東長良
西願駿起	3	池田
山角怜司	3	尾西一
小山大翔	3	稲沢西
高田駿弥	3	真正
立木大雅	3	大垣南
馬場翔大	3	江南北部
橋本夕陽	3	不破
平松晴輝	3	東長良
古田翔大	3	長森南
前田悠晴	3	羽島
牧野麟	❸	加納
松岡諒	3	池田
松倉諒吾	3	羽島
渡辺琢水	3	羽島

市岐阜商

校　長 大坪一才恵
部　長 岩橋浩二
監　督 北岡剛
記録員 栗田華澄

尾口巧実	3	桜ケ丘
福田章也	❸	古川
宮川凱吏	3	大野
高木寛夢	3	大和
寺田将馬	3	大垣西
森昴	3	青山
小島魁人	3	川島
林憂馬	3	神戸
深津悠	3	中部
篠田剛希	3	巣南
山根隆正	3	江南西部
徳永智之	3	那加
谷口貴大	3	垂井北
長屋和真	3	大野
松井駿	3	古川
釜屋壮吾	3	東山
神部雅也	3	境川
高橋凌	3	大野
近松凌真	3	鷹来
盛迫翔馬	3	羽中央
小寺永祐	3	大垣北
田中春陽	2	日枝
佐藤孝昭	2	島
平塚敬士	2	青山
野田新大	2	岐阜清流

岐阜東

校　長 黒田誠二
部　長 吉田健悟
監　督 八巻大
記録員 田中帆菜

平田駿太朗	❸	桜丘
又賀一充	3	羽島
藤吉絢琉	3	三輪
吉仲琉星	3	精華
鷲見一樹	3	高富
田村拓也	3	陽南
松井直樹	2	東長良
竹中翼	2	東長良
野村拓未	2	東長良
国枝亮太	2	東長良
杉本貫太	2	穂積北
井上夏輝	2	陽南
窪田崚我	2	陽南
佐々木智哉	2	青山
谷村優瑠	1	長森
湯上順正	1	岩野田
浅野皓祐	1	那加
清水翔矢	1	岩野田
横山一真	1	桜丘
長屋宗一郎	1	稲羽
古川翔也	1	長良
野田梨雄	1	岐阜東
田中右京	1	高田

富田

校　長 米田聡
部　長 木村宗孟
監　督 若林伸行
記録員 鳥居永

長屋壮	3	岩野田
宮川大輝	❸	愛知·岩崎
山田祥大	3	下有知
篠田玄斗	3	那加
安藤貴大	3	美加西
西村優我	3	高富
小坂真太郎	3	岐中央
河合晃希	3	岐中央
次井義登	3	岐南
名和乃輝	3	加納
光嶋柊翔	3	長良
野村太陽	3	長良
児玉有生	3	長森
佐藤郷	3	穂積
清水朝陽	3	梅林
箕田光千伽	2	愛知·中部
蒲彪真	2	長森
横山藍己	2	那加
鈴木淩也	2	愛知·南部
服部明生	2	加納
近藤練	2	真正
三輪慶延	2	穂積
舟橋征冴	1	味岡
津田隼百	1	那加
西本飛翔	1	長森

岐阜各務野

校　長 村山義広
部　長 平子直明
監　督 洞口哲二

北村晃	3	下有知
青木暸太	3	川島
松原諒汰	3	鵜沼
木村颯馬	3	羽島
鵜飼泰成	3	瑞陵
出口幹人	3	美加西
玉田修佑	❸	桜ケ丘
丸山颯太	3	境川
白木佑都	3	岐北
小西陸斗	3	緑ケ丘
林正吾	3	羽島
西島怜央	3	川島
佐田卓弥	3	旭ケ丘
今中高広	3	陽南
山見哲太	3	穂積
大竹慶治	3	岐南

各務原

校　長 居波裕
部　長 松久潤
監　督 生駒健吾

神保悠太	3	小金田
清水翔太	3	那加
坂井洸太	3	長森
兼松秀弥	3	東長良
高木幹太	3	小金田
吉原聖磨	3	桜ケ丘
村松佑紀	3	各中央
寺村拓海	3	桜ケ丘
武藤大輝	3	緑陽
奥村俊介	❸	蘇原
桂川陽多	3	那加
宮川大地	3	稲羽
安江大和	3	蘇原
井村成	3	緑陽
遠藤宰	3	各中央
宇野航平	2	鵜沼
原田壮太朗	2	鵜沼
田頭佑真	2	蘇原
下中享輔	2	緑陽
薫田拓真	2	鵜沼
尾関大介	2	各中央
松岡亮汰	2	那加
林優心	2	桜丘

岐阜総合

校　長 野田正明
部　長 鹿野浩史
監　督 長谷川哲也

久保拓斗	3	美山
寺田智樹	3	岐阜西
山口魁聖	3	岐阜西
石川瑛士	3	真正
西村涼平	3	岐中央
中嶋奏良	3	三輪
岩付零士	3	精華
飯沼元基	❸	蘇原
山内一起	3	北方
市橋勇人	3	竹鼻
松原拓海	3	島
古川澪歩	3	城南
笠原志依真	3	東長良
石原和輝	3	中島
近藤大地	3	梅林
渡辺剛	3	竹鼻
江﨑耀真	3	笠松
片山心太	3	輪之内
長屋快智	3	各中央
小野陽貴	3	精華
若山喜紀	3	島
土屋尋	3	池田
野々村青空	3	岐北
大洞康貴	3	陽南
田口淩大	3	岐南

校　長 山田英貴
部　長 佐藤芳樹
監　督 渕上隼一
記録員 熊谷瑠梨衣
　　　 黒木瑠々花

大曽根琢磨	3	桜丘
吉安功太郎	3	羽中央
竹内悠太	3	長森南
渡辺紘希	3	羽中央
小川廉祐	❸	川島
河野朱璃	3	穂積北
小塩翔平	3	本荘
篠田康孝	2	緑陽
今井田大和	2	羽島
小山和莞	2	精華
大橋亮太	2	竹鼻
鈴木力斗	2	稲羽
彦坂航輝	2	鵜沼
坂井優太	2	竹鼻
若井悠真	2	各中央
森川浩太朗	1	岐南
船渡翔琉	1	長森南
髙橋拓夢	1	長森南
大岩颯介	1	長森
伊藤専道	1	長森南

校　長 林靖
部　長 今村優希
監　督 山川陽祐
記録員 三田夢萌香
　　　 松岡美沙紀

大家光稀	3	東安
春日涼太	❸	境川
西松敬太	3	登龍
藤井陸斗	3	本荘
森郁人	3	羽中央
林恵汰	2	精華
岩寄佑星	2	羽島
千国颯真	2	境川
小木曽翔太	2	長森南
星野祐輝	2	笠松
野呂勇人	2	登龍
大村知	2	境川
臼井達哉	2	境川
水野元貴	2	竹鼻
竹山宏斗	2	竹鼻
鈴木翔真	2	加納
斎藤幹将	2	竹鼻
平田優羽	2	竹鼻

校　長 谷基
部　長 宮田勲
監　督 荻田重睦
記録員 浅井唯花

馬渕路都	3	巣南
箕輪匠	3	三輪
杉山元紀	3	揖東
小国彪吾	3	美山
小倉憲政	3	北方
荒川晃良	3	長森
葛野優斗	❸	巣南
井上蓮太	3	岐北
安福大将	3	北方
南谷謙太	3	厚見
牧野竜弥	3	岐北
小川優	3	本巣
日置功章	3	高富
熊崎飛雄馬	3	岩野田
藤井拓朗	3	赤坂
大野聖海	3	藍川北
工藤一覚	2	島
足立嵩宜	2	青山
神谷唯斗	2	北方
木野村望	2	北方
戸本倖生	2	青山
今西翔我	2	真正

校　長 大矢晋
部　長 大林祐介
監　督 上野悟史
記録員 羽場愛莉

溝口耕祐	3	糸貫
杉山真宙	3	大野
原佑馬	3	岐北
田島彪大郎	❸	島
村瀬優斗	3	岐北
平光一登	3	岐中央
松原巧昌	2	岐清流
福井虎之助	2	岐清流
宇佐見桂己	2	島
櫻井利緒	2	島
児玉幹太	2	穂積
木下大輔	2	岐阜西
斉藤孝祈	2	穂積
藤田篤	1	青山
山口恭輔	1	揖斐川
高橋蒼生	1	岐清流
土井一斗	1	穂積
瀬古淳文	1	糸貫
山村柊平	1	大野
所和志	1	大野
道脇幸雅	1	岐北
今井洸志	1	穂積北
堀部佑弥	1	青山
早川大翔	1	大野

岐阜第一

校　長 松本博文
部　長 藤井純
監　督 田所孝二
記録員 中坊陸斗

秋山太希	3	大阪・渋谷
綾田大樹	3	大正中央
石田麗大	3	川西南
井上賢志	3	京都・音羽
大野流来	3	北城陽
楠賢人	3	京都・江陽
糀谷輝杜	❸	野洲北
小森一磨	3	不破
柴崎聖人	3	伊丹西
島辺真拓	3	貝塚一
平良智也	3	豊中十七
高松涉	3	大阪・中野
高牟禮翔太	3	松原三
田村快	3	青垣
辻祥太	3	山科
外山涼介	3	彦根中央
中嶋全	3	岐阜西
西村庸佑	3	稲枝
馬場崚兵	3	揖斐川
増田勇斗	3	太秦
松岡悠輝	3	豊岡南
村上陽太	3	大阪・玉津
森下輝	3	山科
渡辺颯太	3	蜂ケ岡
阪口樂	2	京都・田辺

羽島・山県

校　長 岩木隆義
部　長 山田智裕

名和寛祥	3	岐南
桜井流星	❸	岐南
竹内龍之介	3	竹鼻
南谷佳紀	3	笠松
小塩功太	2	羽島
長谷川由伸	2	羽島
鶴内彩人	1	境川
松井永遠	1	桜ケ丘
高橋良輔	1	桜丘

校　長 伊藤崇
部　長 後藤駿介
監　督 古瀬峰行
記録員 栗田凜花

高井仁也	2	岩野田
玉井柊哉	2	岐北
末次直樹	2	長良
井上廉	2	桜ケ丘
松久和慎	2	岩野田
岡田拓巳	1	伊自良
市川廉也	1	岐清流
三井太智	1	高富

多治見工

校　長 有賀昭人
部　長 梨ケ瀬肇
監　督 青木崇
記録員 有賀咲穂

佐藤伸	3	泉
鈴木魁人	3	肥田
小木曽匠海	3	北陵
水越悠輝	3	笠原
若尾洋正	3	陶都
高井空平	3	北陵
石川遥希	3	西陵
岩井岳登	3	南ケ丘
奥優成	3	北陵
庭野嵐	❸	濃南
吉田琉輝	3	小泉
松岡功馬	3	泉
川地貴大	3	瑞浪
大鋸光太郎	3	泉

多治見

校　長 鈴木彰
部　長 丸山真
監　督 髙木裕一
記録員 髙木悠衣
小嶋花乃

加納敬介	3	小泉
籠橋亮弥	3	瑞浪
松島功真	❸	瑞浪
林晃正	2	小泉
本位田優太	2	恵那東
都築翔弥	2	西陵
千村俊輔	2	陶都
永井僚	2	多治見
深萱航伎	2	泉
渡邉裕斗	2	泉
上木涼雅	1	泉
小栗丈清	1	日吉
小島冴介	1	平和
馬場光輝	1	陶都
林壮真	1	小泉

土岐商

校　長 浅井芳仁
部　長 猿爪康太
監　督 土井勇人
記録員 朝生笙詠

加藤巧巳	3	泉
有賀景都	3	瑞陵
大橋捺希	3	西陵
中島秀悟	3	笠原
山田竣也	3	西陵
市岡大知	3	中津二
野村流我	3	平和
伊佐地琉希	❸	西陵
木村昂之介	3	瑞陵
各務浩樹	3	笠原
髙須颯	3	陶都
前田拓輝	3	陶都
渡邉大翔	3	北陵
深萱祐大	3	泉
市川大翔	3	釜戸
小島悠人	3	平和
日比野颯汰	3	美加東
朝生笙詠	3	瑞浪南

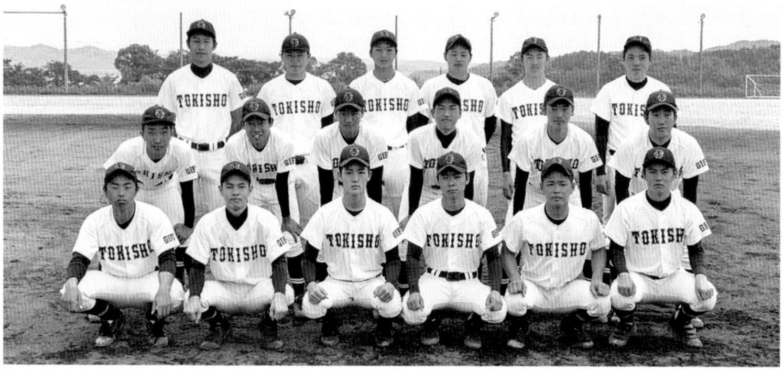

土岐紅陵

校　長 中川敬三
部　長 金子浩隆
監　督 荻曽翔
記録員 清水智世
　　　 水野愛理

藤井隆哉	3	駄知
柴田想太	3	駄知
菅野風河	3	笠原
林大貴	❸	駄知
土本隼人	3	駄知
福井洸太	2	肥田
千田理央	2	泉
河本大雅	1	陶都
石崎光陽	1	岩邑
藤井真哉	1	駄知

麗澤瑞浪

校　長 藤田知則
部　長 林俊紀
監　督 梅田恭明

飼沼大地	3	扶桑
梶斗海輝	3	森孝
星野武輝	❸	みよし南
渡辺脩太	3	愛知・山王
川本光輝	3	東港
渡辺翼	3	愛知・高浜
松下侑奨	3	幡山
山田歩夢	3	愛知・大江
吉田凪馬	3	神丘
小泉創	3	麗澤瑞浪
駒田翔紀	3	布袋
南瞭	3	西枇杷島
六浦大賀	3	西春
山本夢左志	3	麗澤瑞浪
和下脩貴	3	羽中央
岩橋裕人	2	名塚
岡原大智	2	丹陽
小泉諒	2	麗澤瑞浪
近藤幹人	2	愛知・甲山
中嶋龍之介	2	鎌倉台
服部隼	2	巣南
浜地倖成	2	糸貫
水野渓梧	2	梅林
水野真嘉	2	藍川
森上結人	2	長野・中川

中京

校　長 和田尚
部　長 氏家雄亮
監　督 橋本哲也
記録員 井坂文音
　　　 岩嶋愛華
　　　 奥田真歩

元謙太	❸	平和
渡邉悠然	3	蘇南
金城翔遠	3	高江洲
魚川龍太郎	3	奈良・三郷
田口輝	3	長野・川上
畠中慶二郎	3	恵那東
吉田智也	3	那加
瀧野真仁	3	江井島
猿渡銀士	3	旭ケ丘
岩木京祐	3	小野南
金田幸介	3	水口
北川翔大	3	長浜南
國領浩哉	3	能登川
小谷一力	3	沖縄・神原
戸塚駿平	3	石切
仲友和	3	愛知・岩倉
中村遼	3	南大沢
中本駿太	3	愛知・宮
二郷大輝	3	瑞浪
廣岡勇心	3	諸輪
石橋太一	2	愛知・平田
浦川大和	2	三重・神戸
小田康一郎	2	四谷
加藤航	2	小泉
藤原巧翔	2	社

校　長	高橋俊和
部　長	樋田友直
監　督	有賀裕祐
記録員	小川紗矢

今野歩生	3	恵那西
伊藤純平	❸	明智
大塚光葵	3	山岡
小森大輝	3	中津二
安藤陽真	2	上矢作
小川峻矢	2	岩邑
水野聖音	1	恵那西
佐藤秋人	1	瑞浪
鈴木椋也	1	坂下

校　長	森井静子
部　長	北村卓也
監　督	松岡寛
記録員	早川未歩香
	志津朱沙夏

梅村洸希	3	中津二
可知正志	3	落合
早川洸生	3	福岡
根崎聖都	❸	瑞陵
平岡大輝	3	中津一
桂川典親	3	坂本
市岡楽	3	坂本
纐纈翔南	3	中津一
浅倉竜	3	中津一
武田幸	3	中津二

校　長	森岡孝文
部　長	熊谷秀太
監　督	伊藤秀典
記録員	可知小桜
	鈴木優芽
	中川倖那

市川栄大	❸	恵那西
金子聖和	3	恵那東
塩見啓介	3	付知
中山拓海	3	坂本
林空我	3	坂本
原大翔	3	恵那東
樋口照樹	3	恵那東
安田怜史	3	恵那東
吉村淳希	3	中津二
芦原大翔	2	落合
足立恵斗	2	岩邑
伊藤樹希	2	恵那西
小川修平	2	岩邑
加藤匡真	2	中津二
小池克侑	2	恵那北
小木曽諒	2	中津二
田口翔馬	2	坂下
柘植颯太	2	岩邑
樋田啓人	2	恵那北
成瀬正太	2	岩邑
森本光輝	2	中津二
矢頭陸	2	岩邑
山内颯眞	2	恵那西

校　長	堀秀樹
部　長	渡辺征司
監　督	福島崇晃
記録員	築山穂ノ花

杉山大斗	3	中津一
大嶽瑛太郎	3	瑞陵
石田聖	❸	福岡
鈴木創太	3	中津一
小倉悠太郎	3	瑞浪南
上田嵐	3	恵那西
野中駿輔	3	坂本
松下瑠李	3	坂下
木島滉雅	3	中津二
金井達哉	3	苗木
鈴木涼太	2	苗木
井戸悠登	2	恵那北
船山蓮矢	2	恵那東
三浦佑真	2	恵那西
長谷保直紀	2	坂本
柘植星南	2	恵那北
金井雅斗	2	苗木
山口翔也	2	恵那北
林怜央	2	苗木
服部大空	2	蛭川
林航生	2	中津川第二
大橋幸明	2	蛭川
林潤政	2	蛭川
田口蒼真	2	蛭川
金子遥	2	恵那東

東濃実

校　長 片岡潤子
部　長 工藤昌義
監　督 藤井潤作
記録員 山田朱莉

西田将	❸	西可児
大霜海斗	3	八百津
大岩暖	3	白川
勝野琉聖	3	広陵
林優明	3	美加西
多和田圭太	3	蘇南
奥村尊斗	3	美加東
酒向彪羅	3	美加東
佐藤貫太	3	美加西
林蛍	3	美加東
大平陸人	3	広陵
松原正直	3	蘇南
川瀬竜也	3	美加西
牛沢優	3	蘇南
鈴木啓巧	3	広陵
野原仙舟	3	美加西
竹腰大渡	2	白川
所佑磨	2	八東部
前島悠人	2	川辺
藤木優大	2	美加東
福井陽登	2	美加西
福井蓮大	1	美加東
西堀空	1	広陵
藤井日向	1	美加西
曽我憲伸	1	美加東

可児工

校　長 片岡基靖
部　長 三輪武
監　督 遠藤啓太
記録員 野口斗眞
山下麗花

石神智裕	3	中部
小林稜平	3	美加西
河村有貴	3	川辺
津田脩太	3	八百津
武市壮平	❸	川辺
和田遥斗	3	鵜沼
萬谷頼	3	東可児
丸田直人	3	向陽
坂井田健翔	3	鵜沼
土居歩夢	3	中部
中根涼介	3	陶都
堀部頼央	3	双葉
三品旺大	3	美加西
中根誓哉	3	蘇南
坂上昴	3	南姫
宮島琉	3	蘇南
杉本洸晟	3	共和
佐藤隼	2	八百津
各務颯太	2	美加東
宮島晟	2	蘇南
新田凌也	2	川辺
木村大	2	蘇南
川上仁誠	2	白川
松浦健生	2	共和
今井田太希	1	美加東

可児

校　長 水口猛
部　長 森口貴之
監　督 山田篤実
記録員 岡村有夏

鈴木悠弘	3	蘇南
加藤耕太朗	3	広陵
加藤慈教	3	陶都
岡田宏耀	❸	東可児
酒向巧也	3	美加東
宮島孝弥	3	中部
石黒伊織	3	西可児
大脇立暉	2	中部
陶山怜央	2	蘇南
曽我泰斗	2	蘇南
井口裕辰	2	蘇南
大石翔雅	2	中部
今井敬太	2	中部
藤井玄太	2	共和
後藤颯一朗	1	八百津
水野将汰	1	坂祝
杉山元人	1	美加東
丹羽康介	1	蘇南
加藤暖大	1	美加東
板津颯太朗	1	美加東

帝京大可児

校　長 加藤昭二
部　長 梶原康之
監　督 田口聖記
記録員 木村颯太

加藤翼	3	金山
森優太	3	瑞浪
山本羅生	3	西尾
高橋優弥	3	西可児
長谷川凌雅	3	蘇南
中妻羅一耶	3	篠岡
田中由大	❸	城南
犬塚亮	3	西尾東部
谷口智紀	3	篠目
小竹渉里カーティス	3	北陵
平良拳晨	3	陶都
藤吉太一	3	甚目寺
樋笠太一	3	八風
足立琉泉	3	帝可児
岩本悠	3	愛知・城東
清水昌剛	3	福井・藤島
浅野陸人	3	御幸山
和気大昂	3	豊中九
内木俊輔	3	美加東
谷口真太郎	3	帝可児
木村颯太	3	蘇南
宮川凜士	2	萩原
大坪俊汰	2	知立南
磯部巧実	2	清州
小出朗大	2	陶都

大垣商

校　長 佐野浩
部　長 広瀬敏之
監　督 有賀竜也
記録員 廣田創市朗

水野塁偉	3	揖斐川
池田隆太郎	3	神戸
内田晴将	3	不破
水野暁汰	3	不破
田中克朋	3	不破
岩崎寛也	3	池田
貞光逸萩	❸	不破
近沢正一郎	3	養東部
早野大空	3	大垣東
岩田大地	3	岐北
大橋和真	3	城南
田中亮成	3	大垣西
阪本優太	3	江並
伊藤可偉	3	城南
井尾有佑	3	穂積
林輝希	3	大垣南
古田壮吾	3	揖斐川
桜林昂平	3	揖斐川
杉山主浩	3	谷汲
柴田健翔	3	笠松
葛原颯太	3	城南
広田創市朗	3	巣南
牧野壮汰	3	穂積
下野翔矢	2	東安
梅森陵太	2	竹鼻

大垣日大

校　長 古田健二
部　長 小森年展
監　督 阪口慶三
記録員 山本優

柄沢壮太郎	3	愛知・志賀
清水智裕	3	春日井西部
田辺源到	3	坂祝
木原黎明	❸	有松
加藤響	3	今伊勢
山口希昂渚	3	千郷
林晴真	3	池田
久場政悟	3	静岡・金岡
権田翼	3	豊川一宮
橋本昇樹	3	福井・高浜
藤田愛斗	3	滋賀・浅井
林透亜	3	松阪西
山本隆太	3	愛知・上野
酒井大翔	3	岐北
岡村遥心	2	高田
角田颯士	2	愛知・東郷
渡辺竣	2	浜松積志
岩本朔弥	2	各中央
森大也	2	鵜沼
有村航汰	2	真正
清田蒼陽	2	豊橋東部
百合草彪	2	長森南
西脇昂暉	1	養東部
五島幹士	1	鵜沼
長沢康生	1	陽南

大垣北

校　長 増田俊彦
部　長 和田敏樹
監　督 近藤健二
記録員 中村奈緒

安藤透	❸	巣南
竹村和	3	城南
大橋悠河	3	西部
馬淵勝己	3	神戸
久世空汰	3	星和
野田将寿	3	北和
和藤滉宜	3	神戸
成瀬雄一朗	3	池田
佐野弘之輔	3	池田
伊藤匠海	3	日新
安藤択真	3	星和
山田健太郎	2	神戸
田宮天志	2	神戸
萩原惇徳	2	西部
柴田裕大	2	興文
堀江修	2	関ケ原
有賀大悟	2	池田
片山太智	2	養東部
藤井凜	2	神戸
和田優生	2	池田
種田誠志郎	2	大垣南
石原諒汰	2	城南
芝地琉稀	2	神戸
小川琉生	2	大垣北
田中裕人	2	城南

大垣東

校　長 田中彰
部　長 奥富文仁
監　督 野崎孝明
記録員 淺野初音

岩田翔也	3	垂井北
大平琳久	3	赤坂
若山大赳	3	不破
宇野颯真	3	平田
北野穂高	3	不破
古川修大	❸	平田
山中泰季	3	星和
森佳彦	3	池田
土橋悠介	2	不破
小川開世	3	垂井北
渡邊翔太	2	平田
國枝昇平	2	大野
田口凌大	2	池田
柴田陸宇	3	大垣南
安藤翔太	3	西部
澁谷卓未	3	大垣東
加藤勇磨	2	穂積北
渡邉有義人	2	高田
渡部司	2	西部
三船大和	2	東安
髙木俊太郎	2	垂井北
仲井宏太	2	星和
森洸士郎	2	池田
菊池毅	2	赤坂
大平隼聖	2	東安

大垣西

校　長 亀山弘
部　長 宮脇賢二
監　督 小牧憲充
記録員 岩田はるな
　　　　 焔硝岩優衣

大石泰誠	3	星和
今西真尋	3	池田
日比勇希	3	赤坂
北沢駿一	3	赤坂
松井悠斗	3	揖東
小山健斗	3	赤坂
五十川英伸	3	神戸
松岡勇作	3	池田
久世匠朗	❸	不破
長岡慶太	3	池田
日比野巧海	3	赤坂
渡辺寛汰	3	西部
松岡航世	3	垂井北
高木厚郎	3	垂井北
伊藤大地	3	揖斐川
草野智博	3	城南
森島侑史朗	3	輪之内
作田誠真	3	不破
広瀬怜央	3	不破
渋谷泰征	3	高田
須賀奏太	3	不破
森一真	3	池田
福田大遥	3	揖斐川
細野龍生	2	赤坂
小島悠生	2	大垣南

大垣工

校　長 浦山朋征
部　長 中村正
監　督 松田潤樹
記録員 大橋広季

松村海渡	3	真正
屋敷大翔	❸	赤坂
辻大凱	3	神戸
瀬古稜太	3	岐阜西
細野敢湧	3	神戸
大倉佑馬	3	城南
高橋拓都	3	大垣南
川端優太	3	大野
増田遥士	3	赤坂
澤井拓見	3	鵜沼
立川侑聖	3	神戸
棚瀬大裕	3	穂積
平井歩武	3	揖斐川
中村竜雅	3	池田

大垣南

校　長 藤吉和彦
部　長 久世英貴
監　督 川本勇
記録員 谷本早紀

大橋良祐	3	江並
大沢佑二郎	❸	大垣東
西脇昂暉	3	関ケ原
木村竜大	3	養東部
橋本将吾	3	大垣東
樋口康介	3	西部
加納歩武	3	大垣東
木地貴哉	3	輪之内
森島大輝	3	大垣北
日比野翔吾	3	城南
三島琉碧	2	大垣南
三輪一翔	2	上石津
多田悠人	2	赤坂
伊藤航希	2	不破
石原小次郎	2	池田
渡辺勇汰	2	西部
田中彰太	2	養東部
渡辺亮太	2	池田
平林大翔	2	日新
木之村彰哉	2	大野
桂文太	2	城南
兼子陽遥	2	日新
鳥本慎之助	2	揖東
名和凌太郎	2	星和
馬淵恵三	2	大野

揖斐

校　長 増田康宏
部　長 中嶋優介
監　督 福井崇

石司梨祐輝	❸	赤坂
石田颯汰	3	池田
小笠原一樹	3	赤坂
小林雅弥	3	西部
坪井悠真	3	池田
平野浩太郎	3	神戸
山川舜介	3	揖東
池田大智	2	神戸
今井翔太	2	北和
河村悠聖	2	池田
早野富也	2	赤坂
樋口蒼人	2	池田
藤原海斗	2	北和
今井大雅	1	北和
河村晃英	1	池田
兒玉洋之介	1	西部
小寺龍瑛	1	池田
高橋遼	1	池田
筒井崇彦	1	赤坂
坂航太郎	1	神戸
和田大心	1	糸貫

池田

校　長 西谷徹
部　長 関谷竜成
監　督 福島秀一
記録員 田中亜依

髙田隼都	3	西部
山口巧馬	3	神戸
小畠直樹	3	大野
後藤大稀	3	興文
鈴木雅也	3	穂積
宗宮颯大	3	揖東
小谷光	3	北和
坂下智紀	❸	巣南
粥川陸	3	神戸
大川陽哉	3	星和
小野川陸空	3	星和
瀬川宜生	2	西部
森賢征	2	池田
小倉将太	2	神戸
山田翔夢	2	西部
橋本颯汰	2	西部
竹中智哉	2	赤坂
汲田晃佑	2	大野
古川潤	2	穂積
林徹明	2	北和
石田武蔵	1	神戸
汲田翼	1	大野
杉岡拓海	1	神戸
森島紅葉	1	大野
齋藤秀明	1	西部

海津明誠

校　長 伊藤嘉保
部　長 高木司
監　督 大場裕介
記録員 伊藤優春華

井上知也	3	東安
神田隆成	3	竹鼻
鈴木大翔	3	日新
加藤偲月	3	日新
横山藍斗	❸	日新
小林寛季	3	東安
菱田陽介	3	日新
若狭斗亜	3	中島
田中裕基	3	日新
衣斐慶人	2	輪之内
金森彪斗	2	登龍
森柚稀	2	日新
山田凌太郎	2	輪之内
渡辺和博	2	登龍
伊藤健太	2	日新
伊藤匠	2	日新
大橋雄真	2	城南
栗田浩輝	2	日新
下里琉稀	2	大垣南
泊佑成	2	神戸
吉田大剛	2	東安
渡辺涼太	2	城南

大垣養老

校　長 高木徳彦
部　長 桑原誠治
監　督 小俣太志
記録員 福田結衣

松浦宇倫	3	高田
河村将聖	3	日新
萩野秀斗	❸	養東部
中村泰晴	3	大垣西
中村凪	3	大垣南
国枝航汰	3	江並
志賀玲生斗	3	江並
竹下翔梧	3	大垣南
三輪大翔	2	養東部
菱田和真	2	養東部
栗田雅也	2	養東部
田中幸成	2	養東部
富田大輝	2	城南
臼井聖人	2	星和
伊藤真尋	2	興文
松井大星	2	輪之内
木村俊哉	2	大垣東
渋谷俊紀	2	養東部
原田丈大朗	2	巣南
森瑞輝	2	大垣北
伊藤滉人	2	不破
井上陽太	2	竹鼻
高木裕太	2	西部
室谷隆喜	2	大垣南
水谷優佑	1	不破

武義

校　長 藤田孝之
部　長 松下健二
監　督 金森匡哉
記録員 松山莉子

亀山秀綺	3	双葉
長尾思努	❸	双葉
河村明	3	双葉
長島颯汰	3	下有知
高井琉稀	3	下有知
上田遥希	3	下有知
北村和輝	2	美濃
野島大進	2	津保川
藤沢來人	2	高富
島陽登	2	美濃
石原佑真	2	津保川
松田一冴	2	緑ケ丘
古川諒	2	緑ケ丘
林大翔	2	美加西
稲田圭太	2	小金田
山田陸	1	富野
高井琉翔	1	下有知
尾関涼雅	1	緑ケ丘
加藤輝	1	美濃
武藤陵	1	緑ケ丘
波多野晴己	1	下有知
古山純吉	1	下有知
長沼湊都	1	昭和

関商工

校　長 武田理
部　長 竹内友紀
監　督 服部幹和
記録員 石井千尋
　　　 瀧川紫乃

國本拓也	3	美加西
古川琢斗	❸	下有知
和田隼輔	3	八幡
纐纈大聖	3	旭ケ丘
田口蓮	3	川辺
福田将也	3	桜ケ丘
笠野駿	3	三輪
山内泰良	3	昭和
髙井颯大	3	旭ケ丘
長谷川塁	3	美加西
小島颯太	3	坂祝
西側貴寅	3	美加東
中山隼佑	3	高富
古田麗空	3	桜ケ丘
井戸龍星	2	桜ケ丘
伊佐地駿斗	2	旭ケ丘
野口晟壱	2	桜ケ丘
伊藤至音	2	鵜沼
長尾洸蔵	2	桜ケ丘
井戸省吾	2	双葉
服部純大	2	緑ケ丘
亀井翔太	2	富野
田中大暉	2	坂祝
加藤優空	2	旭ケ丘
石田堅慎	2	双葉

関有知

校　長 谷口正明
部　長 横山玄斗
監　督 荒木優士郎
記録員 幅みなみ

安田孝太	3	岐南
奥村友飛	3	藍川
熊代翔	❸	緑ケ丘
佐藤寿哉	3	桜ケ丘
澤村龍輝	3	昭和
青木雄次朗	3	境川
末松健汰	3	郡南
町屋廉太	2	岐北
澤村有翔	2	昭和
清水陽太	2	緑ケ丘
田中新士	2	藍川北
山田真輝	2	下有知
後藤雅暉	2	桜ケ丘
小出吉恒	1	桜ケ丘
田中丈湧	1	桜ケ丘
長屋慶二朗	1	桜ケ丘
石原昇	1	双葉
兼山拓斗	1	旭ケ丘
東山右京	1	美濃
渡辺嶺	1	緑ケ丘
加藤右雅	1	津保川
亀山雄亮	1	緑ケ丘
辻流成	1	緑ケ丘

関

校　長 林雅浩
部　長 岩田拓弥
監　督 五島興
記録員 鈴木蓮

中島大樹	3	桜ケ丘
奥田裕也	❸	桜ケ丘
杉本大和	3	桜ケ丘
古田舜	3	旭ケ丘
渡辺孔太	3	旭ケ丘
藤井雄斗	3	旭ケ丘
荒川航汰	3	高鷲
和田大輝	3	坂祝
尾関建伸	3	緑ケ丘
吉田宥斗	3	桜ケ丘
若狭秀虎	3	旭ケ丘
飯田宣斗	3	桜ケ丘
川原稜太	2	美濃
後藤海斗	2	美濃
臼田和哉	2	大和
鯉江啄誠	2	小金田
芝大介	2	小金田
田村昌工	2	美加西
上橋陸人	2	小金田
田中唯偉人	2	美濃
高井聖也	2	美加西
細江俊希	2	美加西
明星飛弥	2	美加東
服部蓮也	2	双葉

美濃加茂

校　長 赤﨑耕二
部　長 宮川直人
監　督 高橋陽一
記録員 須田花乃

林拓磨	3	坂祝
守屋伊織	❸	美加東
林龍太朗	3	東長良
谷本潤風	3	美加東
石神穣	3	坂祝
吉田友輝也	3	江並
阿部圭吾	3	美加東
水野太陽	3	豊山
細江哲平	3	下呂
村瀬俊	3	蘇南
足立悠樹	3	恵那西
原叶	3	白鳥
山本己翔	3	美濃加茂
河村駿佑	3	犬山城東
木邉勝	3	坂祝
種倉太陽	3	笠瀬
丹羽將揮	3	大和
野中陸登	2	八百津
吉田惣一郎	2	美加東
鷲見元気	2	黒川
平田皓理	2	緑ケ丘
藤村雄我	2	美加西
小島悠太	2	木曽川
長尾琹汰	2	各中央
井戸蓮二	2	美加東

加茂農林

校　長 村井真
部　長 村井陽一
監　督 村井陽一
記録員 武山美来

加藤誠也	3	金山
西之原海斗	❸	小泉
三浦優斗	3	坂祝
國江恒希	2	土岐津
永瀬聖弥	2	蘇原
藤井幹太	2	共和
柘植愛斗	2	白川
吉田智哉	2	桜ケ丘
丹羽涼斗	2	共和
澤宙蒼	2	緑ケ丘
伊佐治篤弥	2	向陽
脇原誠貴	2	桜ケ丘
渡邉一斗	2	双葉

加茂

校　長 藤掛賀津博
部　長 古田寿朗
監　督 佐藤優介
記録員 市川理湖

岸虎輝	❸	美加東
神戸颯人	3	金山
寺岡清崇	3	蘇南
朝日滉大	3	双葉
林竜希	3	川辺
渡邉湧太	3	美加東
森重優斗	3	西可児
日下部晃加	3	金山
高橋侑靖	3	中部
伊藤慎之助	3	共和
板津亮佑	2	美加西
森川純明	2	美加西
後藤由雅	2	美加東
矢野珠惟	2	双葉
細田京裕	2	美加西
小池諒太郎	2	広陵
高橋幸平	2	美加東
纐纈泰樹	2	八百津
井沢福太郎	2	美加西
椙本健太	2	美加東

八百津

校　長 亀谷信幸
部　長 吉田智
監　督 百合草渉
記録員 鈴木はるな

山田敢生	3	向陽
奥村駿	❸	向陽
川合悠太	3	向陽
髙木臣嘉	3	八百津
宮脇大輝	3	八百津
長部祥多	3	向陽
橋本健斗	3	八百津
今瀬琉央	3	美加東
遠藤来希	2	蘇南
伊藤瑞生	2	共和
尾方亮輝	2	八百津
北澤正登	2	蘇南
宮原駿也	2	向陽
仲野太樹	2	中部
合志響	2	蘇南
森川空	1	蘇南
鈴木拓海	1	美加東
齋藤咲哉	1	中部
西島陸斗	1	小泉
橋本烈旺	1	八百津
中村颯来	1	中部
渡邉堅心	1	美加東
小林敬介	1	蘇南

郡上

校　長 狩野靖
部　長 臼田尚之
監　督 山本力也
記録員 三森美優

高平拓海	3	大和
遠藤大貴	3	白鳥
小林佳成	3	八幡西
和田義也	3	八幡
田中健太郎	❸	八幡
坂下祥太郎	3	八幡
田中翔大	3	八幡西
柴山喬哉	3	八幡
森田理久	3	八幡
山下宗真	3	白鳥
和田宗也	3	八幡
垣見泰地	2	大和
金森圭祐	2	大和
亀山健太	2	郡南
高橋力生	2	大和
山下真生	2	白鳥
若山昇真	2	大和
藤代陸叶	2	白鳥
高田洋人	2	明宝
河合恭汰	2	郡南
末武拓海	2	明宝

高山西

校　長 下屋浩実
部　長 上西貞幸
監　督 新海亮人
記録員 尾前里実

堀之上嵩朔	❸	古川
岩田光聖	3	日枝
森本隆汰	3	古川
山越太陽	3	宮
細江優斗	3	下呂
三枝佑太朗	3	東山
形部悠太	3	萩原南
山敬人	3	久々野
矢島朋季	3	久々野
福井伶旺	3	神岡
政井響己	3	中山
中橋祐斗	3	東山
清水口飛翔	3	清見
中屋力哉	2	古川
船坂優仁	2	国府
建村快	2	中山
青木一真	2	萩原北
高原伸之輔	2	朝日
小林隼斗	2	清見
野口義剛	2	丹生川
下畑俊介	2	東山
中嶋孝輔	1	丹生川
戸谷亮太	1	松倉
長谷川拓耶	1	松倉
今井翔斗	1	萩原北

斐太

校　長 滝村昌也
部　長 槇本寛
監　督 鴨林亮平
記録員 中嶋晴香

今井龍登	3	下呂
岩垣龍空	3	萩原南
清水僚馬	3	松倉
田口壱晴	❸	日枝
森下滉	3	朝日
中島大和	3	下呂
大下嘉月	3	北稜
遠藤真之介	3	松倉
畑中大吾	3	国府
日下部和尚	3	中山
上平佳祐	3	松倉
荒井貫介	2	丹生川
水橋侑太郎	2	朝日
小邑丞太郎	2	松倉
桐山太一	2	東山
中道天介	2	清見
田原拓実	2	松倉
間瀬戸陸乙	2	清見
尾形益実	2	北稜
鈴木悠生	2	小坂
蒲友親	2	東山
池本一博	2	松倉

飛騨高山

校　長 河渡正史
部　長 田中一幸
監　督 伊藤翼
記録員 足立奈々美

重田蓮次	3	松倉
桜本晟周	3	中山
橋本拓人	3	中山
坂本蓮	3	宮
松本大輝	❸	国府
川上瑠唯	3	中山
川上永遠	3	古川
重田聖名	3	古川
川原幸起	3	日枝
東克輝	3	丹生川
大山裕也	3	清見
島光貴秋	3	松倉
中田小太郎	3	国府
平田隼介	3	中山
向本健人	3	日枝
山田康生	2	東山
横山涼太	2	丹生川
荒木翔吾	2	清見
垣内楓空	2	丹生川
川上浩平	2	日枝
牛丸太陽	2	古川
田中力也	2	丹生川
殿地竜汰	2	清見
野尻侑斗	2	丹生川
溝端拓海	2	宮

益田清風

校　長 今井一三
部　長 岡﨑航大
監　督 細江順
記録員 後藤由菜
神戸佳音

島田唯斗	3	久々野
細江康太	❸	竹原
舟坂鮎人	3	萩原南
南晴喜	2	宮
田口比那太	2	下呂
岡田京悟	2	東山
今井平	2	萩原南
二村春翔	2	萩原南
富永成悟	2	萩原南
伊藤望	1	金山
金子京太郎	1	萩原北
河村歩夢	1	下呂
鈴木瑛人	1	萩原南
今井鉄平	1	下呂
今村京椰	1	竹原
上野将英	1	小坂
形部航希	1	萩原南
熊﨑大造	1	下呂
熊﨑光大良	1	萩原北
上野伸也	1	萩原南
水口柚希	1	萩原南
日下部高雅	1	下呂
田中琉之助	1	下呂

校　長 村田和宏
部　長 反中哲也
監　督 中口直也
記録員 西伶果

藤田琉生	3	日枝
川上雄大	❸	中山
滝村直樹	3	丹生川
早船慧大	3	宮
大野柊輔	3	清見
長田敬人	3	中山
谷口瑛大郎	3	中山
滝村春樹	3	丹生川
青木吉以	3	中山
齋藤心太	2	下呂
今井幹大	2	下呂
小倉和貴	2	古川
佐藤真途	2	久々野
住田晟梧	2	中山
細機勇士	2	日枝
今井悠	2	宮
堤嶺市	2	松倉
立原晃良	2	久々野
杉崎秀悟	2	朝日
川上大徳	2	日枝
谷開統太	2	古川
中屋太助	2	東山
角島将真	2	松倉
西谷友希	2	古川

校　長 谷脇浩彦
部　長 一ノ瀬伸郎
監　督 有永克己
記録員 古田華美

山腰涼生	3	古川
小谷一心	❸	古川
二村心	3	萩原南
堀田陸	3	神岡
松田隼祈	3	神岡
住垣太規	3	古川
花岡泰成	3	古川
高林凌大	2	神岡
長澤拳	2	東山
谷口圭吾	2	古川
今井颯翔	2	萩原北
舟坂水希	2	萩原南
島維吹	2	中山
中田飛翼	2	北稜
田口志道	2	古川
冨田温大	2	中山
蔦田旭	2	神岡
清水祐輝	1	神岡
畦地智輝	1	神岡
福地颯希	1	白川郷学園

ナイターとなった準々決勝大垣北vs岐阜聖徳戦（7月30日、長良川球場）

夏季岐阜県高校野球大会グラフ

2020夏　ぎふの球児たち

発行日　2020年8月20日

発　行　株式会社 岐阜新聞社

編　集　岐阜新聞情報センター出版室

〒500-8822　岐阜市今沢町12

岐阜新聞社別館4階

058-264-1620（出版室直通）

印　刷　西濃印刷株式会社

本書は岐阜新聞の取材記事と写真を中心に編集しました。

ISBN978-4-87797-289-9　C0075